用語集

Glossary

本書には、独自の定義や解釈をしている言葉や、僕が作った新しい言葉がいくつも出てきます。それらの説明を、最初にまとめて記しておきます。まず目を通してから本編を読み進めていくと、内容が頭に入ってきやすくなるはずです！

フロンティア思考

本書での中心的な考え方で、未知の領域に挑むための方法論と心構えをまとめた思考スタイル。論理的に解を探る手法と、失敗を新たな発見につなげる前向きな姿勢を両立させることで、未知に出合ったときにも、楽しみながら解決策を探求できるようになる。

脳内ゲーム実況

自分の行動や失敗を、ゲーム実況者のように頭の中で解説すること。未知の問題をクエストと見立て、想定外のトラブルさえ「おいしい展開！」と、楽しめるのが特徴。落ち込まずに次の行動をすぐ思いつきやすくなり、「失敗を面白がる」姿勢をサポートしてくれる。

問題

規模や難易度を問わず、未知や解決すべき事柄全般のこと。本書では、テストの問題のように答えが設計されているものだけでなく、部屋の片づけや人間関係など、解が定まっていない日常的な場面まで含める。「問題」は、新たな改善を示すポジティブなものと捉える。

人工の問題

テストやパズルのように、人が意図して作った答えのある課題。正解や手順が最初から用意されているものを指し、学校の定期テストなどが典型。それに対して、答えが明確でない課題を「現実の問題」と呼ぶ。

現実の問題

答えや手順が1つに決まらない課題。社会問題のように大きなものから、部屋の片づけやプレゼント選びのような日常の悩みまで幅広い。解の可能性が多いぶん、未知の部分も大きく、解決に当たってはフロンティア思考が力を発揮する。

問題視

日ごろは気づかないまま流している些細なことを、あえて問題として取り上げ、新しい行動を起こそうとする姿勢。放っておいても大丈夫そうなことにも注目し、改善や工夫につなげる。

研究活動

学術の専門だけに限らず日常でも利用可能な、問題解決のための探究のこと。スポーツの上達や、勉強方法の工夫、部屋の模様替えなども研究活動と見なせる。

評価軸

いくつかの解や選択肢を比較するときに使う基準。費用や時間、楽しさやリスクなど、どれを重視するかによって選択肢が変わる。

理想解

制約がなければこうしたいと思う、最も望ましい解。

現実解

現実の制約をふまえた「今のベスト」として、理想解の落としどころを見いだした解。

暫定解

一時的にこれに決めながらも、さらに良い案が浮かべばいつでも更新できる、仮の解。有力な候補をキープしつつ並行して別の選択肢を探すのが、フロンティア思考の特徴。

妥協解

暫定解が実行できなくなったときに使う最終的な手段。保険として備えておくことで挑戦がしやすくなる。

見切り発車ライン

「ここまでにうまくいかなければ妥協解へ移る」判断の境目。完璧を追いすぎて期限に間に合わないリスクを防ぎつつ、ギリギリまで挑戦するための戦略。

失敗

「予想通りでなかった結果」のこと。これを「未知の発見」として喜んで受け止めることで、次の工夫や行動につなげるのがフロンティア思考。

反省

結果が予想通りでなかった原因を推理し、ワクワクしながら次にどう工夫して行動するかを能動的に考えること。

衝突

異なる意見や価値観がぶつかり合う状況。相互理解と「化学反応」のきっかけになり、互いになかったアイデアを創り出せる可能性が高い。

そもそも?

目的や手段だけでなく、自分の価値観すら根本から疑うための問いかけ。なぜそう考えたのかを自問し、当たり前を疑うことで、新たなアイデアや評価軸を見つけるためのきっかけとする。

TPS視点

Third-Person Shootingのゲームのように、自分を外から見るというイメージ。少し引いた位置から自己や周囲を眺めることで、自分の行動や思考を客観的に捉えられる。

バーチャルの自分

他人の失敗を仮想の自分の経験として取り込む考え方。友人やクラスメイトがどこでつまずいたかを観察し、もし自分ならどうするかを想像することで、自分が同じ行動をしなくても学べ、相手を温かい目で見守る気持ちも育つ。

失敗の見本市

同じ課題に多くの人が挑戦して多数の失敗が集まる場。学校やコミュニティーはこうした失敗の宝庫であり、効率的な疑似体験の場となる。

スモールスケール

いきなり大規模に取り組まず、まずは小さい範囲で試してみる手法。リスクを恐れず検証しやすくなる点で、フロンティア思考と相性が良い。

遊考明断（ゆうこうめいだん）

著者が考案した「優柔不断」の反意語。肩の力を抜いて気楽に考え、ポジティブに素早く決断する姿勢。

生成ＡＩ

アイデアやヒントを得て人を触発するテクノロジー。プロンプト（質問）を工夫して問い直すことで、多様な視点を得たり、それらを比べたりすることができる。自分の曖昧《あいまい》な思考を整理してまとめるのにも役に立つ。

伏線回収

「以前にインプットした種（伏線）が、後になって思わぬ形で花開く」状態の例え。会話の最中に以前出てきた話題やキーワードを再利用して笑いを誘うテクニックの他、「過去に得た知識やモヤモヤや違和感が、別のタイミングで新たなアイデアとつながる」ことも「伏線回収」と呼んでいる。

逆転の発想

今ある常識や仕組みをそのまま受け入れるのではなく「あえてひっくり返す」こと。ときには「当たり前だと思われてきた価値観」そのものを再点検するきっかけにもなる。

パラパラ読み

本や資料を最初から最後まで深く読むのではなく、「短い時間でパラパラとめくり、キーワードや面白そうな箇所を拾い読みする」軽い読書術。全部読む時間はないが「引っ掛かる言葉」だけでもインプットしておけば、後から何かとつながる（伏線回収する）可能性が高まる。

アタマオカシイ

著者が学生などに対して用いている「最高の褒め言葉」。「常識破り」「一見〝おかしい〟と思われることをあえてやってみる大胆さ・独創性」をポジティブに表現している。日常の思考でアタマオカシイ発想ができる人ほど、新しい価値を生み出せる。

はじめに

こんにちは！　宮下芳明（みやした・ほうめい）です。明治大学総合数理学部の先端メディアサイエンス学科（Frontier Media Science, ＦＭＳ）で教授、つまり先生をやっていて、普段は大学生に向けて講義とか研究指導などを行っています。

電気味覚技術などを応用して開発されたエレキソルト スプーン。2024年5月に発売された

写真／キリンホールディングス提供

２０２３年に、電気味覚の研究でイグ・ノーベル賞（栄養学）を受賞して以降、メディアで取り上げていただく機会が増えました。24年には、この電気味覚技術などを応用して減塩食の味を濃く感じさせる食器「エレキソルト スプーン」がキリンホールディングスから発売されました。また、アメリカで開催されたＣＥＳという展示会でこれが2部門の

受賞を果たしたことをきっかけに、海外でも報道されるようになっています。

こうした経緯もあって、今この本を読んでいる人の中には、これらの報道を通して僕の名前を知ってくれた方も多いでしょう。

あるいはタイトルの「フロンティア思考」という、耳慣れない言葉に引っ掛かってくれた人もいるかもしれません。どんなきっかけであれ、この本を手に取ってくれたことに、まずはお礼を言いたいです。本当にありがとうございます！

さて、「13歳」という言葉を冠している本なので、その世代向けのメッセージを書きます。13歳というのは、小学校の学びを一通り体験し、5、6年後には大学も見えているという年齢ですね。

GoogleやYouTube、生成AIのChatGPTでアカウントを持てるのも13歳から。インターネットや生成AIの1年生という考え方もできます。

また、13歳は未知のものに出合う機会が格段に多い年齢だと思っています。日常生活もそうですよね？　部活とかクラスの人間関係から、ＳＮＳの使い方、高校受験の志望校選択などなど、色んな局面で「どうしていいのか分からない！」という気持ちになる日々でしょう。

そういうときは、正解っぽいものを探したくなるでしょうし、失敗を避けたい気持ちが強くなりますよね。でも、失敗を怖がって無難な道ばかりを選んでしまうと、本来なら見つけられたはずの「自分なりの解決策」や「面白い発想」をスルーしてしまうかもしれません。

この本は、そうした色んな迷いや戸惑いを乗り越える力、「問題解決」の力を育てる本です。失敗をポジティブに捉え直せるようになれば、挑戦のハードルが下がります。アイデアを試して、ダメなら、またどう変えればいいかを考える。こういう冒険心を育てて、その後の選択や行動を取りやすくするための本です。

勉強に関しても、世の中はどうしても「テストの点がすべて」という空気が強いですよね？　知識や技能はもちろん大事なんですが、「答えが決まっている問題ばかり」を解いているうちに、「答えがない問題にどう立ち向かうか？」という感覚が育ちにくくなるのも事実です。

実際には、社会に出てから直面するのは「答えがない問題」がほとんどです。大学では、そのための問題解決能力を育てて学生を社会に送り出しています。この本は、そのエッセンスを難しい前提知識なしでも伝える試みといえます。

こういうと、大学の話を予習するように聞こえてしまうかもしれません。しかし、先ほど話したように、人間関係や進路選択など「答えがない課題」や「未知の要素」は、13歳のみなさんにとってこそ当たり前の風景です。それをおっかなびっくり避けて通るんじゃなくて、むしろ面白がって考えられるようになろうというのが、フロンティア思考の肝です。

そうすると、「やらされている」勉強や行事も、自分なりの工夫やアイデアを盛り込んで楽しめるし、優柔不断でなかなか踏ん切りがつかなかったことも、勇気を持って挑戦できるようになります。

フロンティア思考の姿勢を13歳のうちに持てたら、間違いなくこれから先、学校でも部活でも趣味でも仕事でも、大きな強みになるはずです。

13歳こそ、これを学ぶ絶好のタイミングだと、僕は思っています！

未知に出合うときこそワクワクする

では、フロンティア思考について、少しお話しさせてください。

フロンティア（frontier）という英語は国境や境界を指しますが、ここでは「未知の領域」を探求するという意味で使っています。フロンティア思考は、そんな未知の領域に踏み込むための、２つの要素を併せ持つ考え方です。

1つは「方法論」。すなわち、まだ分からないものをどう分析して、どう試してみるかというやり方のことです。

もう1つは「心構え」。例えば、失敗をネガティブにではなく、新しい発見のチャンスだと考えるという感じ方です。この2つがセットになるからこそ、未知の領域（フロンティア）に対して前向きに、しかも論理的に進んでいけるのです。

研究者は、未知の問題や予想外の結果にぶつかったとき、すなわちフロンティアを目前にしたとき、「面白いぞ！　思ってたのと違う！　次はどうなるのだろう？」「この先には何か面白い発見があるかもしれない！」と、高揚感を持って進んでいきます。それを、もっと一般に広げる狙いで考えました。

難しそうな課題を前にうんざりしたり、計画通りにいかなくて落ち込んだりするのではなく、未知の領域を探求する面白さにテンションが上がる。フロンティア思考の根幹にあるのは、そうしたポジティブな姿勢です。

もちろん、ただテンションを上げるだけではなく、当然ながらやり方（方法論）も重要なポイント。何をどう観察し、どのように検証するのかという冷静な思考もあってこそ「未知って面白い」というワクワクが生きてきます。

ロールプレイングゲーム（RPG）、特にオープンワールドのゲームで遊ぶのが好きな人は、こうした考え方に共感できるかもしれません。初めて訪れる町を探索したり、謎の仕掛けを見つけたり、思いもよらないモンスターに出合ったりするたび「なんだこれは！　どうやって攻略しよう？」と盛り上がりますよね。

うまくいかなかったとしても「なーるほど、こうきたか！」なんてゲーム実況のようにつぶやきながら、「別のルートを試してみよう」「まだ見つけていないアイテムがあるのでは？」「素材を組み合わせて新しいアイテムを作ってみよう」と、楽しみながら試行錯誤を重ねていくでしょう。ゲームの攻略に取り組むモチベーションは、研究者が持つ好奇心と通ずるものがあると、僕は思っています。

ところで、僕たちが生きているこの世界は、自分が主人公の、究極のオープンワールドといえます。なので、日常生活においてもフロンティア思考はとても大事です。

未知の問題に出合ったときに「面白そう」と好奇心を持って、ワクワクしながら謎解きや攻略に向かう姿勢。うまくいかなくても、落ち込むどころか「次はどうやって挑もうか」と、むしろ楽しんでしまう冒険者の気持ち。こういう心構えでいれば、身近にある問題をいい意味で「ゲーム感覚」で捉え、ポジティブな姿勢で取り組めるようになるのです。

そのため本書では、みなさんが失敗や未知の問題に出合うときに「脳内ゲーム実況」を使うことをおすすめします。ゲーム実況者のように自分を解説し、トラブルや失敗をむしろ〝おいしい展開〟と捉えてワクワクする——そんな姿勢がフロンティア思考を加速させるんです。

誰でも使える方法論と心構え

執筆方針についてもここでお伝えしておきます。この執筆方針が、僕自身にとって大きなチャレンジでした。

まず、この本はタイトルの通り「13歳」の読者を意識するようにしました。そのため、ビジネス用語や難しい用語は極力使わないようにしています。

それは、読んだときに「何か難しいかも」「大人向けの話なのかな」「自分には関係なさそう」と感じられてしまうかもしれないからです。そうした気持ちになってしまうと、せっかくの面白さや役立つ部分がうまく伝わらない恐れがあるので、できるだけ分かりやすい言葉で伝えることを心掛けています。もちろん、大人が読んでも有益な内容であると自負しています！

同様の考えで、この手の本にありがちな、著名な学者や実業家、アスリートといった「偉人」たちのエピソードを例に出すことも一切しないことにしました。そうした特殊な事例を挙げるよりも、「どんな人にも応用できる方法」をまとめる方が、はるかにみなさんのためになると考えるからです。

同じ理由でさらに、「僕個人の経験についても紹介しない」決断をしました。イグ・ノーベル賞を受賞するまでの研究の顛末《てんまつ》や、僕個人のライフスタイルなどは一切出てきません。

代わりに採用したのは、皆さんが日常生活の中で一度は出合ったことがある場面、取り組んだ経験があるイベント、身近にあるものなどを例に挙げることです。中学生から大人まで誰もが、こうした事例に対して「確かにそうだな」と実感してくれることを最優先しました。なお本書では、同じ事例を複数の章であえて再利用してみました。「同じ場面でも視点を変えれば、こんなに新たな発見が見つかるんだ」と実感していただければうれしいです！

また、方法論だけでなく、「そのときにどんな気持ちで取り組むか」という姿勢やモチベーション、すなわち心構えについても説明するように心掛けました。これはかなり重要なことです。

見たことのない問題に直面したときにどう取り組むか？　うまくいかなかったときにどう考えるか？　想定外の結果を見たとき、次にどうつなげていくのか？そうした心構えは、方法論を知ること以上に重要だと僕は考えています。

このように本書では、できるだけ身近で、誰にでも活かせるように、フロンティア思考の考え方や心構えについて伝えます。読者のみなさんが、それらを「どんな場面で使えるかな？」と具体的に想像できるように工夫したつもりです。みなさんの想像力にブレーキをかけることのないよう、ビジネス書などにありがちな、方法論や枠組みなどの抽象的な図解は一切入れていません。

読者のみなさんが「これなら自分にもできそうだ」と思ってくれること。そして、日常にある問題に前向きに取り組んだり、新しいチャレンジをしてみたりできる姿勢を持てること。この本がそうしたきっかけになれたなら、大変うれしく思います！

宮下芳明

CONTENTS

CHAPTER 07

フロンティア思考へのさらなる挑戦

CHAPTER 01

「問題」の性質

色んな「問題」を発見しよう

未知の「問題」に出合ったとき、「面白そう」と好奇心を持って、ワクワクしながら謎解きや攻略に向かう——。こうした姿勢がフロンティア思考の根幹にあると、「はじめに」で書きました。

では、問題とは具体的にどういったものを指すのでしょうか？

この章では、フロンティア思考で挑む問題とは何かということについて、考えていきましょう。

問題と聞いて思い浮かべるものは？

みなさんは、問題と聞いて、何を思い浮かべますか？

中学生や高校生であれば、テストの問題を真っ先に思い浮かべる人が多いかもしれません。入学試験から模試、学校や塾の定期テストまで、毎日のように向き合っていることでしょう。

また、学校の勉強から離れると、脱出ゲームや謎解き、クイズといった問題もありますね。

一方で、テレビのニュースを見ると、様々な問題が浮き彫りになっています。例えばフードロス（食べ残しや廃棄）についての問題とか、日本国内だと少子高齢化や人口減少、世界レベルだと人口増加の問題があります。こうしたものは、大きなくくりで「社会問題」と呼ばれます。

身近なところにもあふれる「問題」

その他にも、身近な問題は日常にあふれています。学校では「どの部活動や委員会活動を選ぶか？」「文化祭ではどんな出し物をするか？」「夏休みの自由研究のテーマをどうするか？」なども問題ですよね。学校生活を楽しく有意義に過ごすために、みなさんにとって重要な問題だと思います。

家庭生活の中でも「散らかった部屋をどうやって片づけるか？」「親の誕生日に何をプレゼントするか？」「友達から来たメッセージにどう返信するか？」といった問題がたくさんあります。

他にも、不便だと感じることや困りごと、疑問に思うこと、よく分からないけれど不思議に感じること……。みなさんは日々の生活の中で、実に多種多様な未知の問題に出合っているはずです。

様々な例を挙げたことで、むしろ問題のイメージがぼんやりしてしまったかもしれません。でも、それでいいんです。規模の大きさや性質の違い、解決の難易度、正解の有無など、色々と気になることはあるでしょうが、一旦そこは分類せずに問題を捉えてほしいのです。

練習 問題を見つけたら効果音を鳴らそう

ではここで、ちょっと楽しい練習をしてみましょう！
ここまでに挙げられていない問題を、色々と探してみてください。
例えば、今、顔を上げて、時計を見てみましょう。「次のページへ読み進めるか？

それとも中断するか？」――これだって問題なのです。
問題を発見できたら、頭の中で効果音を鳴らしてください。好きなゲームでアイテムをゲットしたときの音がいいですね！　さらに「おーっと、ここで新たなクエスト発見！」などと「脳内ゲーム実況」して盛り上がってください。

次は、まったく違う感じの問題を探してみましょう。それが思いついたら、効果音とともに「自分すげえ」とつぶやいてみてください。問題を発見できた自分のその発想力を、自分で褒めましょう。

その問題が解けるかどうかは、まずどうでもよいです。問題を探すことを楽しみ、見つけたことを喜び、見つけられた自分を褒めて、ニヤついてください。
これはとても、とても、とても大事なことです！

未知の問題との出合いは、新たな発見であり、とても喜ばしいことなんです。

ゲームの世界なら「えっ、こんなたくさん謎が転がってるの？　どう攻略しよう？」と、迷宮や仕掛けを見つけたときにラッキーと捉えますよね？

研究者も、まだ誰も解明していないテーマを見つけたら「こんなの見たことない！　面白そう！」と盛り上がります。

まずはそういう気持ちになってもらうことが、フロンティア思考へのスタートラインなのです！

正解が決まっている問題と、正解のない問題

ここまでは、身の回りや世の中の問題をあえて分類せずにお話ししました。例として挙げた問題を思い返してみると、大まかに2つのタイプに分けられそうです。

あらかじめ答えが設計された「人工の問題」

1つ目は、人があらかじめ「正解」を設計して作った「人工の問題」です。例えば学校の定期テストでは、ほぼ必ず正解や模範解答が用意されています。テスト範囲もあらかじめ示されていて、その範囲をしっかり勉強しておけば、大抵の問題は正しく答えられるようになっています。

脱出ゲームや謎解き、クイズなどの問題も、基本的には正解が1つに定められています。途中で合わなくなれば、「どこかでミスをした」と特定しやすいのも特徴です。

また、工作キットや家具なども、テストやパズルと同じように、あらかじめ手順が設計された「人工の問題」といえます。説明書にはパーツの番号と組み立てる順番が書かれていて、指示通りに作れば完成させることができます。

こうした人工の問題に共通するのは、「あらかじめ決められた答え」が用意されていることです。そして、その正解から外れたときは「間違い」となります。

決まった答えがない「現実の問題」

一方で、「決められた正解」が存在しない「現実の問題」もあります。社会や自然の中で起こる問題は、まさにこのタイプが多いかもしれません。たとえば環境汚染や少子高齢化などの社会問題は、答えがないからこそ多くの人が挑み続けているといえます。

日常生活の中でも、誰かがあらかじめ決めた答えのない問題はとてもたくさんあります。

例えば「もっと部屋を快適にしたい」と考えたとき、これぞ「完璧なレイアウト」という正解は用意されていません。家具の配置を変えてみては「やっぱりイマイチだな」と思い、また工夫する……という繰り返しを延々と続けるかもしれません。

母の日のプレゼントに何を選ぶか、友人からのメッセージにどう返信するかといった、相手がいるタイプの問題も正解が一意に決まるわけではありません。どれを選んでも何かしら「それなりに良いところ」と「まだ物足りないところ」がありそうです。

文化祭で部活の出し物を決める場合にも、いわゆる正解があるわけではありません。多数決や話し合いで決めても、全員が納得するのは難しいですし、スケジュールの都合や新しいアイデアの登場で、企画が覆ることだって十分あり得ます。

練習 問題を仕分けてみよう

ここでも練習コーナーです。前の節では色々な問題を探す練習をしましたが、今度はそれらが「人工の問題」か「現実の問題」か、考えてみましょう。みなさんが思いついた問題のうち、正解が決まっているものはどれくらいあったでしょうか？

逆に、いくつも選択肢があって、どれを選んでもまだ完璧じゃないような問題はどれくらいありましたか？

正解がない問題こそ、フロンティア思考の出番！

僕が思うに、世の中にも日常生活にも、あらかじめ正解が決まっている問題は意外と少なく、実際は「正解がない問題」だらけなのではないでしょうか。そうした問題の連続の中で、僕たちは毎日を生きているのだと思います。

朝ごはんは何を食べるか？　あるいは食べずに学校へ行くか？　歯磨きと洗顔、どちらを先に済ませるか？　風呂は熱めのお湯にじっくり浸かるか、シャワーでサッと済ませるか？　夜はどんな姿勢で寝ると一番快適か？

こうした数え切れないほど多くの問題をこなしていることになりますね。答えが決められていないからこそ面白い。未知のクエストに埋めつくされているのが私たちの生活であり、これを攻略していくために、フロンティア思考が重要になってくるのです。

「問題視」は冒険の始まり

日々の暮らしの中で遭遇する問題にポジティブに挑み、解を探索・探求しながら「問題解決」を目指していく——。これがフロンティア思考の基本姿勢です。

ここでは、これまでに問題視していなかったことを問題視する、すなわち「問題」を生み出すことを考えてみます。問題視は一般にネガティブな印象がある言葉かもしれませんが、問題という言葉がポジティブになった今、これが創造的でポジティブな意味であることは分かってもらえると思います。

スルーできることをあえて問題にしてみよう

私たちが出合う問題の中には、スルーしても困らない小さなものがたくさんあります。なんとなくやり過ごしているうちに自然消滅して、いつの間にか忘れてしまう程度のこともあるでしょう。

しかし、そこにあえて目を向けるのが、フロンティア思考の面白いところでもあります。「こうした方が良いかも」と気づかないまま放置していれば、問題として認識されずに終わってしまう。でも、「ちょっと改善したい」「もう少し面白くできないかな」と思った瞬間に、いわば新しいクエストとして、問題として生み出されるわけです。これを本書では「問題視」と呼びます。

例えば、毎年母の日に贈るプレゼント。子どもの頃からカーネーションを買って渡すと決めていて、お母さんも喜んでくれているなら、わざわざ変える必要はないかもしれません。

でも「今年はいつもと違うことでサプライズしたい！」と思い立てば、それまで存在しなかった「問題」が生まれます。カーネーション以外に何を贈ろう？手料理で驚かせようかな？　一日だけ家事を全部引き受けるのもいいかも——と、どんどんアイデアが湧いてくるはずです。

文化祭の、部活動での出し物を考える場合も、先輩がやっていた定番の企画をそのまま受け継ぐだけで済むなら、慣れたやり方でスムーズに進められるでしょう。

けれど「新しいことに挑戦して目立ちたい」「もっと盛り上がる企画はないかな？」と思った途端に、「じゃあどんな企画にしよう？」という問題が誕生します。準備は大変になりますが、それによって部活動に活気が生まれたり、新入部員との出会いにつながったりするかもしれません。

練習

日常の「小さなモヤモヤ」を拾ってみよう

まず「放っておいても大丈夫そうだけど、なんとなく気になる……」と感じることを何か挙げてみてください。

例えば「いつも同じ朝ごはん。別に不便はないけど、飽きてきたかも……」「自転車置き場がちょっと狭い気がするけど、停められなくはないし……」などといったことです。

次に、それぞれについて「あえて問題視して、改善や工夫をするとしたら？」という目線で考えてみましょう。「朝ごはんを変えてみたら、どんな変化がある？」「自転車置き場の配置を工夫する方法は？」などを思い浮かべてみる。具体的な方法が浮かんだら、実際にトライしてもいいし、頭の中で試行錯誤してみるだけでもとりあえずＯＫです。

日常から問題を発掘する

スルーしても困らない些細なことも、あえて問題として扱ってみると、意外な気づきや成長につながります。「こうした方が良いかも」「こんな方法もあるんだ！」と発想を広げてみると、日常に新しい面白さが生まれるはずです。

みなさんの暮らしには、まだまだ眠っている「ちょっとだけ改善したら面白くなりそうなこと」がたくさんあるかもしれません。ぜひ小さなところから挑戦してみてください。それが日常をアップデートするきっかけになり、フロンティア思考を進めていくための糸口となるはずです！

日常生活は「研究活動」だ

問題を発見したり生み出したりしたら、その問題の解を探索することについて、もう少し深掘りしてみましょう。

「もう少し良くできそうだ」と気づいたら、状況を観察・分析して、解決手段をいくつか検討し、実際に試してみる。思うようにいかなければ別の方法を考えていく——。

こうした一連の流れは、まさに「研究」と同じなのです。研究というと、研究者とか科学者という肩書の人たちだけがやることに思えるかもしれませんが、必ずしもそうではありません。

ゴールを奪うための方法は多様にある

部活動やクラブチームでサッカーをプレーしている人なら、「サッカーがうまくなる」という課題（＝問題）を持って、日々の練習に取り組んでいることと思います。

ゴールすることだけでも、強いキックや正確なボールコントロールだけでなく、ディフェンダーのマークを外す動きやスピード、相手が嫌がるポジショニングなど、多角的に考える必要があります。身長が高い人なら、ヘディングの精度を高めるのも有効です。こうした要素をふまえて自分やチームの特徴、戦術を考慮し、適切なトレーニングを探求していきます。これはまさに奥深い「研究活動」と呼べるものだと思います。

世の中にないやり方を探求することもできる

野球でも、いいピッチャーになりたい場合、「相手バッターをアウトにする」という問題に挑むことになります。

速い球を投げて空振りを狙う、きわどいコースを突くコントロールを身につける、大きく曲がる変化球や小さく鋭い変化球など、手段はいくつも考えられます。実際に投げてみてうまくいかなければ原因を振り返り、新たな握り方やフォームを探求する。そのような研究を行っていくうちに、自分なりのスタイルが確立していきます。

また、既存の球種にとらわれず、新しい変化球を研究開発することもできます。相手が今まで見たことのない武器を手に入れる可能性だってあるのです。

暗記にも色々なスタイルがある

暗記のための学習方法だって、1つではありません。

教科書や参考書の重要な言葉にマーカーを引くというオーソドックスな方法が一番覚えやすいと感じる人もいれば、単語カードを使って書き出す方が頭に入りやすいという人もいます。「虫食い」のノートを作って定期的に確認するやり方や、スマホアプリを活用する方法もあります。

短い時間、少ない労力で暗記したいなら、その方法を試してみてテストや模擬試験で成果を確認する。うまくいかなければ別の手段を試して次のテストに臨む――。このように勉強している人がいれば、もはやそれは「暗記法の研究」をやっているといえます。

探求と創意工夫こそが「研究活動」

ここで改めて確認しておきたいのは、こうした問題には正解や模範解答がないということです。

日常の出来事を自分なりに問題と捉え、自分なりの解を探索・探求する。試してみて、うまくいかなければ、なぜうまくいかなかったのかを振り返りながら、もっと良さそうな別の方法を探してみる。こうして探求や創意工夫を重ねていくことで、日々の暮らしが「研究活動」になっていきます！

学校で得た知識が、問題解決の宝庫になる！

先ほどは、決められた正解のある「人工の問題」の代表例として学校のテストを挙げました。しかし、学校で教わる知識が、現実の問題解決にまったく役立たないかというと、決してそんなことはありません。

むしろ、義務教育で習う内容は「将来どこかの問題解決に役立ちそうな知識」が厳選されていて、学ぶ順番や時期も含めてよく考えられています。ここでは、そのことを実感しやすい例を見ていきましょう。

火事や災害時に理科と保健体育が助けてくれる

自然災害や火事が起きたとき、そこにいる全員にとって「自分の身を守り、周りの人たちを助ける」ことが最重要な問題になりますが、ここで理科や保健体育で学んだことが大いに役立ちます。

空気などの気体は温度が高くなると体積が膨張し、密度が下がるため自然と高い方へ移動します。ろうそくの炎や線香の煙が上っていく様子を理科の実験で観察した人も多いでしょう。火事の煙が天井付近に集まりやすい仕組みも、まさにこの原理と同じです。

実際の火事では、姿勢を低くして移動するだけで煙を吸いにくくできます。また、保健体育で習う応急処置の知識も、けが人や急病人が出たときに大きな力となります。

国語が情報社会を生き抜く武器になる

国語の授業では「文章を正確に読み取る」ことや「伝えたいことをはっきり表現する」ことを学びますね。これはＳＮＳやネット記事、ニュースの真偽を見極めるという問題、あるいは誤解なく発信するという問題において、重要なスキルとなります。

国語で養うべき読解力が不足していると、偽の情報をうのみにしてしまったり、自分が書いた文章が誤解を招いたりしかねません。いざコミュニケーションが必要な場面になれば、その大切さを改めて実感するはずです。

地理と歴史で旅やコミュニケーションが楽しくなる

旅行をするとき、地理や歴史の知識があると「ここは昔○○だったから、今こんな町並みなんだ」「この国にはこういう文化があるんだ」といった背景を理解でき、より深く楽しめます。

また、海外で異文化をふまえたうえでコミュニケーションを取る問題にも役立つでしょう。国内でも、相手の出身地を聞くだけで会話を弾ませることができます。例えば「山形県ってサクランボの生産量が日本一なんだよね。地元ではよく食べるの？　色々な品種があるのかな？」などと、自然に話を広げられます。

料理には算数や理科の知識が大活躍

「料理を作ってみんなを喜ばせたい」という問題においても、授業で習った知識がたくさん活かせます。はかりやメスシリンダーの使い方、ガスバーナーの扱い方、水の沸騰の観察など、理科の実験でやらされていたことは、決して科学者だけがやることではありません。むしろ毎日、台所で行われていることです。

また、レシピが2人分で書かれている場合、これを3人分にしたいなら、算数で学んだ比例の計算が頼りになります。割合の計算、分数の計算も、算数のテストの中だけでなく、美味しさや健康のために日々役立っているのです。

革命的アイデアの源も、学校の基礎知識

世界を変えるような大きな発見や発明も、意外と学校で習う基礎知識から生まれることがあります。直接は関係ないと思っていたことが、後になって思わぬアイデアにつながるケースも多いのです。

例えば「電球が使う電気を減らして省エネを実現したい」という問題があります。これに対して、電気の仕組みだけでなく、人が色を感じる原理（光の三原色）を思い出してみると、白色LEDという画期的な光源が生まれます。赤・緑・青の光を組み合わせることで、必要最小限のエネルギーで白い光を生み出せるというわけです。

練習 学校で習った知識を「問題解決」に結びつけてみよう

学校で習う知識は、日常生活のあらゆる場面から画期的な発明のヒントまで、幅広いところで大切な手掛かりになっていると分かったところで、練習をしてみましょう。

自分が今学んでいる（あるいは学んだことがある）科目を1つ選び、それによって解決できそうな「現実の問題」を考えてみてください。好きな科目でも苦手な科目でもかまいません。

例えば、音楽で習った知識を生かして学校行事の歌を作って盛り上げる。算数の知識を使って体育館に200席を効率的に並べる方法を考える。などなど、どんな小さなアイデアでも大丈夫です。実際に試すシミュレーションを脳内でしてみて「こうやって応用できそうだな」「ここはもっと工夫が必要かも」といった具合にイメージを膨らませてください。

「こんなところで、あの授業が活きるとは！」――そんな驚きが、日常には案外たくさん潜んでいます。学校で習った知識をフロンティア思考の視点で見つめ直すと、様々な問題に対して意外な解決策やアイデアを思いつくかもしれません。

次に問題を見つけたときは、「あの教科で学んだこと、使えないかな？」と、ぜひ考えてみてください。そうするだけで、世界の見え方が少しずつ変わり始めていくでしょう。

CHAPTER 02

「解」の多様性に挑む

「選べる解」がすべて正解？

第1章では、日常にある問題の様々な例を挙げながら、ポジティブに解決方法を探る姿勢を紹介しました。どんな規模や難易度でも、生活のあちこちに問題は潜んでいて、自分なりに、その解決に向けて研究することができます。そんなイメージが少しずつつかめてきたのではないでしょうか？

こうした問題に結びつく「解」もまた、本当に多様です。解の選択肢がいくつもあることが多く、どれを選んでも正解といえるような状況も意外に多いのです。ここでは、身近な例を通じて、解が複数ある状況を一緒に考えてみましょう。

ファミレスで考える「理想解」と「現実解」

ファミリーレストランで食事をするとき、案内された席でメニューを見ながら何を頼むか考える場面を想像してみてください。洋食、和食、中華、一品料理、デザートなど幅広いジャンルが用意されており、アレルギーなど特別な事情がない限り、実はどれを選んでもある意味「正解」になるわけです。

そのときの食欲やお財布事情、時間の余裕などを考慮しながら、最終的な答えを決めるのは自分です。パスタや丼のような単品を注文するか、ハンバーグにサイドメニューを付けるか、ライスを大盛りにするか。メインを2つ頼んでもいいですし、デザートを楽しむために食事を控えめにするのもアリです。いつも同じメニューにする人もいれば、満腹なので飲み物しか頼まない人もいるかもしれません。

メニュー表から選ぶという制約がある以上、完全に自由とはいきません。予算や時間の制限によって、本来食べたいものを諦めて別のメニューを選ぶ場面もあるでしょう。「本当はパスタとハンバーグ両方を頼みたい」けれど「1000円しか持っていないのでパスタだけにする」といった具合です。

ここで本当に食べたいものを「理想解」、制約の中で選ぶメニューを「現実解」と呼ぶことにします。理想通りにならなくても、色んな解を比較検討して、今のベストと思える解を選ぶわけです。

プライベートな旅行でも制約はある

もう1つ、旅行を例に考えてみましょう。

学校の修学旅行では行き先がある程度決まっている場合が多いですが、生徒同士の話し合いで候補地を出すケースもあります。それでも、学校の予算や安全上の都合、教育的意義などの制約があって、本当は行きたい場所から離れた行き先になることも珍しくありません。こうした場合も、「理想解」に対して様々な制約がかかり、最終的には「現実解」に落ち着くことになります。

一方、友人とプライベートで行く旅行なら、いつ、どこへ行くかを自由に決められるため、修学旅行よりは選択肢がぐんと広がります。とはいえ、パスポートを持っていなければ海外旅行は難しいですし、平日は学校の授業があるから避けたほうがいいですね。また、予算が限られていれば高級リゾートは諦めざるを得ません。

つまり、やはり何らかの制約は必ず存在するでしょう。その中でどの現実解を選ぶかは、自分で決めなくてはなりません。

練習

理想解と現実解を見比べてみよう

理想解と現実解を比べる練習をやってみます。何か身近なシチュエーションを思い浮かべて、みなさんにとって「本当はこうしたい理想解」と「時間・お金・スケジュールなどの制約の中で選べる現実解」を考えてみてください。

例えば「友達と夕飯を食べたいけれど、お小遣いが足りないのでファストフードにする」「部屋を徹底的に片づけたいけれど、明日までに終わりそうもないので、やる範囲を絞る」など、どんな小さなことでもかまいません。こうした思考を巡らせるだけで、自分なりの解を工夫して探し出す「解探索」が見えてきます。

制約の中で楽しむフロンティア思考

ファミレスでも旅行でも、選択肢がいくつもある問題は想像以上に多く、しかもどれを選んでも「正解」になり得ます。完全に理想を実現するのは難しくても、「今の条件下ではこれがベスト」と考えて選ぶことにこそゲーム性があって、面白いのです。

ここで大切なのは、優柔不断ではなく、「遊考明断《ゆうこうめいだん》」(宮下による造語です)という姿勢です。制約をまるでゲームのルールのようにポジティブに捉え、「エイヤー！」とスピーディーに解を決めちゃいましょう。

いくつかの条件を並べて妥協点を見つけるだけでなく、ときには新しいアイデアを足して満足度を高めることもできます。ぜひみなさんも、日常の些細な場面で「理想解」と「現実解」を意識しながら解を選んでみましょう。制約を逆に活かすぐらいの気持ちで、楽しみながら探求してみてください！

選択肢を自分で生み出す

先ほどは、あらかじめ複数の選択肢が用意されている問題について考えました。しかし世の中には、解の選択肢が与えられておらず、目的によって取るべき行動ががらりと変わる問題も少なくありません。ここでは、そうした問題に直面したときの考え方を見ていきましょう。

ケンカの後、あなたが本当に大切にしたいのは？

例えば、4人で旅行を計画していたとき、自分だけ違う目的地を希望してケンカになってしまったとします。この場合、他の3人は自分を外して旅行に行くか、別の人を誘う可能性もあります！　このとき、もし「一緒に行きたい」気持ちを最優先するなら、不本意でも早めに謝ったり折れたりして、仲直りを図るのが得策かもしれません。自分だけ外される状況を防ぐための手段ともいえます。

一方、どうしても3人が希望する場所には行けないけれど今後も友人関係を保ちたいなら、その理由を正確に伝える必要が出てきます。メッセージだと誤解が生じるかもしれないので、直接会って説明するなどの工夫が考えられます。

また、相手の言葉があまりに自分を傷つけるもので、それが原因でケンカになった場合は、自分の気持ちをしっかり伝えることも1つの選択肢です。ただし、相手が受け入れてくれないと、関係が決定的にこじれる可能性もあります。逆に自分がすっきりしたいことが重要で、仲直りすることを考えないなら、あえて強く言い返すという選択肢もあり得ます。

他に、何もなかったかのように振る舞う案も考えられます。自然に元に戻るのを待つことで、エネルギーを使わずに済む利点もあるわけです。

このように「ケンカした後にどうするか」というありふれた問題でも、目的や状況によって取れる行動は変わってきます。仲直りを優先するのか、事情を理解してほしいのか、傷ついた言葉が許せないのか……何を一番大切にしたいかを見極めれば、選ぶべき選択肢が分かるのです。

相手を喜ばせる創造力

次は、明るいテーマとして「友人に誕生日プレゼントをあげる」問題を考えてみましょう。

相手が欲しがっている物が明確なら、それを買ってあげるのが確実な戦略でしょう。強いていえば、本人が自分で買ってしまう恐れがあるので、事前に「これを用意する予定だよ」とネタばらししちゃうのもリスク回避としては良い選択肢かもしれません。

「特別なサプライズを仕掛けたい」と思うなら、手作りやオーダーメイドのプレゼントという解も考えられます。メッセージ入りの似顔絵や、イニシャルを刻んだアクセサリーなどはきっとプライスレスな贈り物になります。

サプライズを喜ぶタイプの友人であれば、プレゼントする物だけでなく、演出にこだわってみるのも良いですね。放課後に誰かの家に集まり、いつもと変わらずに話していると思いきや、急に部屋が暗転、ろうそくに火がついたバースデーケーキが登場したら、驚きながらも感動してくれるでしょう。ただし、サプライズを悟られないように予定を押さえておくなど、事前の根回しをうまくやる必要がありますね!

このように「解の選択肢が与えられていない問題」では、あれこれとその先の未来を想像しながら自分なりの解を創造することになります。

練習　自分だけの「オリジナルの解」を作ってみよう

ここでも練習です。身近な問題の中で「解の選択肢がほとんど与えられていない」と感じるものを挙げてみてください。

ファミレスのメニューのように選ぶ候補が用意されている問題ではなく、夏休みをどう過ごすか、イベントのポスターをどうデザインするか、といった漠然としたタイプの問題を考えてみましょう。英語でいう「Which」（決まった選択肢から選ぶ）というより「What」（何を思いつくか）のイメージです。

そうした問題に対しては、まず「どんな目的で解決したいか」をはっきりさせてみてください。次に、その目的に合う解をいくつか思いつくまま挙げてみましょう。最初は突拍子もない案でもＯＫです。頭に浮かんだ方法をどんどん書き出したりイメージしたりしているうちに、「これなら自分らしい」と思えるアプローチが見えてくるかもしれません。

自分なりの解を生み出す

解の選択肢が用意されていない問題だと「一体どんな行動がベストなの？」と戸惑ってしまいがちですよね。けれど、それを自分自身で考案できるのが、こうした問題の面白いところです。ケンカの後にどう振る舞うかも、友人を喜ばせる誕生日プレゼントを何にするかも、自分の目的によって創造する解の方向性がどんどん変わります。

こうした「自由度の高い問題」こそ、フロンティア思考を存分に発揮するチャンスです。世の中にまだないやり方に挑んでもかまいませんし、相手の反応や状況次第で方針を大きく変えてもいいわけです。正解が決まっていないからこそ「自分ならこうする」「私はこうしてみたい」という主体性が問われますね！

なお、本書では「遊考明断」という言葉を作り「遊び心を持ちながら考え、明るく素早く決断する姿勢」を提唱しました。優柔不断の反意語として位置づけましたが、優柔不断そのものを否定してはいません。優柔不断は、多様な未来の可能性を想像できる力、つまり「複数の選択肢の先に広がる世界線が見えている」からこそ生まれる状態です。

優柔不断な人は何も考えていない人よりも、はるかに高い想像力と感性を持っています。未来がいろいろ見えているからこそ、ときに「どの選択肢が正しいのか分からない」と怖くなり、決断を引き延ばしてしまうのです。そこで必要なのが「遊考明断」の考え方です。

遊び心を持ちつつ、どんな未来が来ても対応できる自分を信じて「エイヤー！」と一歩を踏み出す。その覚悟と楽観的な姿勢が、優柔不断を強みに変えます。未来の選択肢が広がりすぎて迷うのは、想像力の豊かさの証拠です。しかし、どの選択肢を選んでも「自分で何とかできる」と信じて進めば、その先に新しい解を見つけたり、道を修正したりする余地が必ずあります。これが、フロンティア思考における優柔不断とのつき合い方です。

「評価軸」が変われば解の順位も変わる

ここまで、あらかじめ選択肢がある問題と、自分で解を生み出す問題を見てきましたが、どちらでも「何を重視するか」という基準が重要です。この基準を「評価軸」と呼びます。

食欲・予算・時間など、どの評価軸を優先するかで「今一番合う解」は大きく変わります。

評価軸は、ゲームで装備するアイテムのパラメーターに例えると分かりやすいかもしれません。あるアイテムを装備すると、攻撃力は上がるけれどスピードが落ちる。このアイテムは、守備力が上がるけれどパワーは増えない、といったイメージです。上昇する能力の種類やバランスが異なるからこそ、「今の状況にはこれ」「この敵には向かない」と判断できるわけです。

同様に、「今回はコスパ重視」「今回は時間優先」「今回は自分の気持ちを重視」といった評価軸に合うパラメーターを意識すると、解を比べやすくなります。

ファミレスでのメニュー選びと評価軸

ファミレスのメニュー選びは、評価軸について理解しやすい例でしょう。

お腹が空いていて、予算を抑えたいならパスタやドリアなどリーズナブルな炭水化物系が魅力的に見えます。「とにかくすぐ食べたい！」と思うなら、提供時間が短そうな軽食を少量ずつオーダーするのも一案です。

逆に、お腹は空いていないけれど長居したいなら、安価な一皿メニューとドリンクバーを組み合わせて低コストで粘る方法があります。どうしても食べたいものがなければ、ドリンクバーだけにする選択肢も考えられます。これらの順位の違いは、「何を重視しているか」という評価軸の違いから生まれるものです。

ケンカ後の選択肢も、評価軸で比べてみる

評価軸の考え方は「友人とケンカした後の行動」においても同じです。早めの仲直りを最優先にするのか。自分の気持ちを理解してもらいたいのか。それとも関係が壊れるリスクを承知で気持ちを晴らすか。あるいは面倒を避けるためにそっと距離を置くか——。どの解を選ぶかは評価軸によって変わります。

「早く仲直りしたい」「自分の主張を認めてほしい」「一度リセットしたい」など、自分の素直な気持ちを評価軸として考えると、どの解をまず検討すべきかが見えやすくなるわけです。

複数の問題が絡んだときも評価軸は役立つ

評価軸を意識すると、問題が複雑になったときにも解の探索がしやすくなります。例を挙げて説明していきましょう。

次の休みの日に、限られた小遣いをはたいて、参考書、リップクリーム、モバイルバッテリーを買いに行くことにします。

買い物はさっさと済ませて、せっかくの休日なので残りの時間は家でゆっくり過ごしたい。そんな人は「タイパ」重視で検討します。最寄り駅近くの商店街にある書店、ドラッグストア、コンビニを回れば、30分もかからずコンプリートして帰宅できそうです。ただし、近所の商店街にある店はどれも小さいので、気に入った商品が見つからない可能性も含んでおく必要はあります。

タイパ重視派と少し似ていますが、いくつも店を回るのが面倒な「省エネ」重視派の人もいると思います。労力を最小限に抑えるためにまず考えるのは、買い物を1つの店で済ませること。そうなると、大型の書店と雑貨店と家電量販店が併設されている、隣駅のショッピングモールが第1候補になります。その店なら、センスの良いアイテムが見つかるかもしれないという期待もありますね。

「コスパ」を重視し、かける時間や労力は惜しまないという場合も考えられます。いくつかの100円ショップや家電量販店をはしごして、とにかく安いものを探すことになります。参考書やモバイルバッテリーは、最新のものにこだわらないなら中古品もターゲットになるかもしれません。

解の候補はそれだけではありません。例えば、親にお金を渡してネット通販で買ってもらう、という手もありますよね。これならタイパと省エネという2つの評価軸を両立できることになります。

また、買うことにこだわる必要もないわけです。参考書は兄姉や先輩などから無料で譲ってもらうなどすれば、コスパの評価軸を満たせます。

こうして「何を優先し、どこを妥協するか」をはっきりさせると、解の選択肢をうまく整理できます。柔軟な解探索ができるだけでなく、探索の途中で新しい評価軸を見つけられる可能性もあります。評価軸をうまく使えば、新しい解を見つけたり、より状況に合った手段を考えられたりするのです。

練習 自分の評価軸を洗い出してみよう

評価軸をたくさん想像する練習をしてみましょう。何か身近な問題（これまでと同じものでもOKです）を思い浮かべて、その問題に関連する評価軸をできるだけたくさん書き出してみてください。

費用、時間、労力、楽しさ、リスクなど、思いつくものは何でも挙げてみるのがおすすめです。そこから「最優先はこれ」「次に大事なのはこれ」という順番を決めてみると、頭の中で思い浮かべても紙に書いても、状況に合った解が見つかりやすくなります。

評価軸を味方につけると、柔軟に解を探せる

評価軸を複数考えておくと、柔軟に解を探せるだけでなく、途中でまったく新しい軸に気づくこともあります。最初は「時間優先」だったのに「せっかくだからもっとこれを楽しめる方法があるかも？」と思い、「楽しさ優先」という発想が浮かぶかもしれません。こうした「軸の転換」も、未知の要素にワクワクしながら進むフロンティア思考ならではの面白さです。

ぜひ、色々な問題に対して「どんな評価軸があって、どれを重視するのか」を意識してみてください。問題の複雑さをゲームのように楽しんで考えましょう！

「暫定解」をキープして解を探索する

多くの問題に取り組むとき、最初からベストな解を一発で出すのはそう簡単ではありません。ここでは、解探索の途中で選ばれる「暫定解」について、具体例を見ながら考えてみましょう。

メニューを選びながら暫定解を更新する

ここでもファミレスのメニュー選びを想像してみます。数人の友人と入店し、かなりお腹が空いている。最優先の評価軸は「ボリューム」で、予算は1000円以内。時間については特に制約がない――そんな状況です。

リーフレット型のメニューを開くと、お店イチ押しのスペシャルメニューが見えますが、予算オーバーなのでスルー。次のパスタ・ドリアコーナーで、850円のカルボナーラを大盛りにしてちょうど1000円というプランを発見。「とりあえずこれなら良さそうだ」と思い、これを暫定解としてキープします。

ところが、次のページにあるラーメンと餃子のセットは1100円で、さらにボリュームが増えそうです。少し予算は超えるけれど、ボリューム重視のあなたは迷った末に「こっちのほうが良いかな」と思います。そこで、カルボナーラからラーメン餃子セットに暫定解を更新しました。

と、そのタイミングで、友人たちが店員を呼んでしまいました。注文のリミット（締め切り）が来たと判断し、最新の暫定解であるラーメン餃子セットを注文する――そんな展開があり得ますよね。

暫定解は「今、決めるならこれでＯＫ」という仮の答えです。とはいえ、最終決断のリミットまで「もっと良い解」を探す余地があります。暫定解をキープしながら、とことん最適解を探り続けられるところに、フロンティア思考の面白さがあります。

困難な理想解があるときこそ暫定解は生きる

解の選択肢があまり用意されていない問題でも、暫定解は役に立ちます。例によって友人や親へのプレゼント選びで考えてみましょう。

まず、事前のリサーチなどで「これでＯＫ」な暫定解を決めて、その商品ならいつでも手に入れられるという状況を作っておきます。かなり安価ならとりあえず購入しちゃうという手もあるでしょう。

そのうえで、予算と時間の許す限り色々なショップを巡って、より喜んでくれそうなプレゼントを探します。もし良さそうなものが見つかったら、暫定解としてキープしたプレゼントと一緒にプレゼントするのもいいですね！

入手の難易度が高い商品、例えば数量限定アイテムや非売品などをプレゼント候補にする場合は特に、暫定解をしっかりとキープしておく必要があります。

複数の暫定解を同時進行するやり方もある

暫定解をキープしながら別の解を探索するという考え方は、クリエイティブなテーマの問題の方が分かりやすいかもしれません。

美術の授業で、写生を行うときのことを考えてみます。大まかにしかテーマが与えられていないことが多いですよね。何にフォーカスするか、どういったアングルで描くかなど、それなりに自由度はあるはずです。まずは何を描くかを検討するところからのスタートとなります。

普通の人は、絵がどのような完成形になるか、最初にはっきり想像できませんよね。その場合は、とりあえずスケッチブックに軽くスケッチしてみる（＝暫定解を実行する）のもアリです。そうすることで想像しやすくなり、暫定解がどれだけ効果的かを、より正確に把握できるようになります。

「これでいけそう」という手応えがつかめたら、もう探索をやめて暫定解を実行すると決める。「イマイチかも」と感じたら他の解を探す。このように、どちらにしても思い切り良く次のアクションへ移ることができます。

そして「複数の暫定解を選んで同時進行させる方法」もあります。それぞれのスケッチを描いて両にらみしながら、より良さそうなものをしっかりと見極めて本格的な実行に移れるのがメリットです。ただし、費やせる時間や労力には限界があるので注意してください。

このように、暫定解を持つことで様々な戦略が立ちます。決断を遅らせすぎることなく、最良の解にたどり着けるようになるわけです。

練習 暫定解を上手にキープしてみよう

暫定解をうまく操るための練習です。日常の中で「いつ最終決断してもおかしくない」ようなシチュエーションを1つ思い浮かべてください。

外部の都合によって、いつ「決める瞬間」が来るか分からないものが面白いと思います。現時点で「とりあえずアリ」と思える候補を暫定解としながら、さらに良い手がないか探し続けてみてください。

もし気になる案が見つかったら、評価軸や状況と照らし合わせて切り替えるかどうかを考えましょう。そうした作業を繰り返すと、自分なりに納得できる解にたどり着きやすくなります。

先を見通しにくい問題ほど、暫定解が有効

暫定解は「最初から完璧な解を見つけるのが難しい」「状況が変わるかもしれない」という問題に取り組むときほど、威力を発揮します。

まずは「とりあえず」の解で進めてみる。そのうえで新しい情報や思いつきがあればタイミングを見て切り替えたり、複数案を並行して走らせたりできる。そんなところに醍醐味があります。

最終決断のタイミングは、現実の締め切りや自分の納得度、周囲の状況などで早める場合もあれば、ギリギリまで粘りたくなる場合もあるかもしれません。い

ずれにせよ、暫定解があれば「なんとなく妥協してしまった……」と後悔するリスクは減らせます。迷いがあっても行動を止めず、最後までより良い解を探し続けましょう！

「最悪これでいく」──保険としての「妥協解」

解の選択肢が用意されていない問題では、自分で候補を作り、重視する評価軸を決めながら解を探します。さらに、見つけた「暫定解」をキープしつつ、より良い解を探し続けるのがフロンティア思考です。

ところが、期限やアクシデントでその達成が難しくなることは起こり得ます。そんなときに役立つのが「妥協解」という保険です。

暫定解と妥協解は似て非なるもの

暫定解は「今のところこれでいけそう」という手応えのある選択肢ですが、妥協解は「本当は避けたいけれど、最悪でもこれにする」というニュアンスを含みます。理想的な解を目指していたのに、時間切れやトラブルになったとき、最後の手段として実行するのが妥協解です。

期限がある問題は、妥協解が役に立ちやすい例です。夏休みの宿題やレポート提出は、どんなにユニークなテーマを練っていても、締め切りに間に合わなければ成果になりません。一方、理想の解とは別に「最悪これなら提出できる」という保険を用意しておくことで、大いに安心感が得られるはずです。

自由研究の例で考える妥協解

みなさんも、夏休みの最終日に必死で宿題を仕上げた経験がありますよね？夏休みの宿題は、始業式の日に提出することが大前提。どんなに壮大で意義のある課題に取り組んでいたとしても、提出できないままで終わってしまっては意味がありません。

夏休みの自由研究を例に、妥協解について考えてみましょう。

食べることが大好きで、「食事」や「料理」をテーマにした自由研究がやりたいとします。例えば「発酵」について研究することに挑戦したくなったとしましょう。

納豆やヨーグルト、ぬか漬け、キムチといった発酵食品は自作もできます。実際に作ってみて、それぞれの発酵過程の違いや、pH試験紙や測定器を使ってpH値の違いを調べるなどしたら面白そうです。でも発酵がうまくいくかどうか、ちょっと不安ですね。また、食材や道具を買う予算や時間も頭に入れておかなくてはなりません。

夏休みは部活動が忙しいので、発酵がうまくいかなかったときに何度もやり直す時間はなさそうです。であれば、「最悪これでもいいや」という妥協解を考えてみるといいでしょう。

実験にこだわるなら、卵の白身と黄身が固まる温度の違いを比較する実験だと、もう少しハードルは下がりそうです。そして、ゆで卵と温泉卵を実際に作るのは1日あればできます。生卵さえ用意しておけば特別な機材は不要に思えます。

実験という縛りがなければ、調査レポートのみで済ませる手段もあります。例えば世界の発酵食品を調べて、地図上に書き込む。それぞれの特徴を紹介しながら、各国の歴史文化を比較する。イラストや写真もふんだんに使えば「手抜き感」がなくなりそうです。これなら数日で確実にできますので、これもギリギリのタイミングで実行する妥協解として持っておくとよさそうですね。

また何がいいって、最初に書いた発酵食品の実験がうまくいった場合、妥協解である発酵食品レポートを追加すれば、より自由研究がリッチなものになります！

ここまでダメなら切り替え！「見切り発車ライン」のススメ

多くの問題には締め切りや残り時間があります。自由研究でいえば、夏休み最終日までに完成させないといけません。どんなに画期的な実験を思いついても、間に合わなければアウトです。だからこそ時間を見積もり、「ここまでにめどが立たなかったら妥協解に切り替える」という「見切り発車ライン」を設定することで、リスクを減らせます。

「見切り発車」という言葉はネガティブに聞こえるかもしれませんが、フロンティア思考ではむしろポジティブな戦略です。完璧を追い求めてギリギリになってしまうより、必要に応じていつでも実行できるプランを用意しておけば、安心して挑戦できるからです。

練習 あなたの「保険プラン」を考えてみよう

妥協解としての保険プランを考える練習をしてみましょう。期限のある課題や、リスクが高そうな企画を思い浮かべてください。例えば「文化祭の出し物で大掛かりな演出に挑戦したい」「スポーツ大会で新チームを編成したい」などがあるかもしれません。

そこで何らかのトラブルが起きたとき、最低限の成果を守るための保険として、どんな妥協解を用意しておけるでしょうか？　締め切りや必要な労力、費用などを見積もれば、切り替えるタイミングがはっきり見えてくるはずです。

妥協解は「最悪」だが心強いバックアップ

妥協解はできれば取りたくない選択肢です。それでも、締め切りや予想外のアクシデントに備えて用意しておくと、余裕を持って対応できます。

フロンティア思考は冒険的なだけにリスクも伴いますが、妥協解があるからこそ、そのリスクに挑戦しやすくなります。ぜひ見切り発車ラインも設定し、切り替えのタイミングを決めたうえで思い切り踏み出してほしいと思っています。

もう1つお伝えしたいのは、「妥協するにも勇気が必要」だということです。方向転換の場合もそうですが、一度選んで積み上げてきた労力を捨てるのには覚悟が要ります。長い時間をかけて企画を準備したのに、すっぱり切り替える決断をするのは簡単ではありません。人間はいわゆる「もったいない」という心理ゆえに、どうしても「せっかくここまでやったのに……」と感じてしまいますよね。

とはいえ、積み上げた時間や労力は捨てたわけではないです。その過程で得た気づきやノウハウは、いつかどこかでの行動に必ず生きるからです。仕切り直す勇気は、むしろ強力な武器になるのです。

CHAPTER 03

「解探索」の方法論

「そもそも？」の問いかけで目的や手段を疑う

第2章では、解が多様な問題の攻略法を紹介しました。あらかじめ選択肢がある問題もあれば、自分で選択肢を考案する必要がある問題もあります。いずれにおいても大切なのは、いくつかの評価軸を持ち、何を優先するかを明確にしながら解を探索することです。

しかし、解探索といっても、どう思考を巡らせれば「より良い解」を導けるのでしょうか？　まだ見えていない解の選択肢を、どうやって発見したり創造したりすればいいのでしょう？　この章では、そうした解探索の具体的な方法論を、身近な例を挙げながら紹介していきます。

まず、自分がどんな評価軸を持っているかということについて、自分でも初めからはっきり分かっているとは限りません。問題を別の視点から見直したり、「自分は一体何をしたいのか」と考え直したりすることで、新しい評価軸を見いだすことがあるはずです。

この章では、評価軸を見つけるためのヒントについても触れていきます。

気づかないうちに「解」を狭めていない？

最初に試してほしいのが、問題を客観的に見直すということです。特に、習慣化している問題や、一般的なやり方が広く浸透している問題では、気づかないうちに「解はこうだ」と思い込んでしまうことが多いものです。そうなると「もっと良い解があるかも」という思考が働かず、解探索をやめてしまう可能性があります。

また、自分は必死に解を探しているつもりでも、状況を客観視できていないと視野が狭くなりがちです。実は近くにたくさんの解があるにもかかわらず、限られた範囲だけを探しているため、それらを見落としてしまうこともあります。

こうしたときに、有効な考え方の1つが「そもそも？」です。問題を客観視して別の角度から捉えることで、思考停止したり視野が狭くなったりするのを防ぐための問いかけです。

本書で紹介する「そもそも？」には2つの使い方があります。1つは「そもそも、なぜこの手段や目的なの？」と、今取り組もうとしていること自体を問い直すための使い方です。

そしてもう1つは、「そもそも、自分はどんな考え方や価値観を持っている？」と、自分自身を客観的に見るための使い方です。

まずは前者の「目的や手段を疑う」使い方から見ていきましょう。

そもそも、なぜこれをやるんだっけ?

そもそも、今のやり方が一番良いのだろうか?

このように問題の解決にひもづく目的や手段を疑うことで、今まで見えなかった問題の全体像が見えてきます。その結果、解の選択肢も見つけられるようになるのです。

「そもそも、なぜこれをやるのか?」——根本から問いかけてみる

サッカー部の練習を例に考えてみましょう。

次の大会で優勝するのを目標に、毎日同じルーティンで練習しているとします。まず全員でウォーミングアップをし、その後パス練習、ドリブル練習、シュート練習、最後にミニゲーム……という流れを、当たり前のようにこなしているという状況です。

ここで「そもそも、ウォーミングアップを全員同時にやる必要はあるの？」と問うてみたらどうでしょうか？　各自が事前に準備しておけば、全体練習にもっと時間を割けるはずです。

また、「試合に勝つためには戦術理解や対戦相手の分析が不可欠だから、座学やミーティングの時間を確保した方が効率的では？」という意見が出るかもしれません。伝統的なメニューをなんとなく続けるより、効果的なやり方を模索できる可能性があるのです。

「そもそも、なんでこの練習方法なの？」と問いかければ、既存の手段にとらわれない解の可能性が広がります。目指している目的が「試合で勝つ」であれば、そのための方法はさらに多彩なはずです。

手段にこだわりすぎると、目的がぼやける

「そもそも？」で考えるもう1つのメリットは、手段と目的を混同しなくて済むことです。

例えば、学校の授業中にノートを取る行為で考えてみましょう。ノートを取る目的は様々で、学んだ内容を整理して理解を深める、後で見返して復習する、テスト対策に役立てる……などがあります。しかし、ノートを取ること自体はあくまで「手段」であってゴールではありません。

色ペンを使ったり、随所にイラストを描き込んだりといった装飾を追求する人がいますね。でも、見栄えの良さを追求することに時間や労力をかけすぎると、内容の理解が不十分になる恐れもあります。

先生が話したことを一言一句残らず書こうとする人もいます。この場合も、書

き漏らさないことに集中しすぎて理解が深まらない可能性があります。また、後から見返したとき、どの箇所が重要なのかが分かりにくくなる恐れもあります。

そもそも、なぜノートを取っているのか？　ということを常に考えていれば、目的に応じたノートの取り方を探索できるはずです。あるいは、ノートを取らずに内容を理解することに集中し、手段を「そもそも用いない」という別の解を発見できるかもしれません。

「当たり前」のシステムも一変する

「そもそも？」で考えると、人々が当たり前と思っていたシステムが大きく変わるケースがあります。

身近な例として、スーパーやコンビニのレジを思い浮かべてください。以前は店員がレジカウンターでバーコードを読み取って会計をするのが普通でした。ところが今はセルフレジが普及して、客が自分でバーコードを読み取り、無人で会計を済ませる仕組みがよく使われています。

これは「そもそもレジ操作は店員さんがやる必要があるの？」という発想から生まれたといえます。人手不足や人件費の問題を解決するために、従来のシステムを見直したのです。

さらに最近は、ショッピングカート自体にレジ機能を搭載した「レジカート」まで登場し、「そもそも会計ってレジカウンターに行くものなの？」という疑問に答えています。会計待ちの行列が短くなり、利便性が向上したのは、こうした前提を疑う姿勢のおかげです。

練習

「そもそも?」と感じるものを探そう

「そもそも?」を考えてみる練習です。身近にあることの中に「当然こうするものだ」「このやり方が決まっている」と思われていることを探し、「そもそも何のために?」と問い直してみてください。

例えば学校の掃除時間の進め方や、部活のミーティング方法、毎日の通学ルートや、飲食店でのオーダー手順など、どんなことでもかまいません。「どうしてこの方法なんだろう?」と疑ってみると、意外な評価軸や解の選択肢が浮かんでくるかもしれません。

「そもそも?」の力が未知の要素を呼び込む

「そもそも、これって本当に必要?」「そもそも、こうしなきゃいけない理由は?」

――こうした問いかけは、一見ネガティブに感じるかもしれませんが、フロンティア思考を支える強力な武器です。

自分で当たり前を疑うことで、問題を客観視し、まだ見ぬ解にたどり着きやすくなります。ぜひ「そもそも？」の視点を取り入れて、これまであまり意識してこなかった問題の本質や、新たな解の可能性を探ってみてください！

自分自身も「そもそも？」で客観視する

先ほどは「そもそも？」によって今取り組もうとしていること自体を問い直すやり方を紹介しました。

「そもそも？」の2つ目の使い方が「自分自身を客観視する」ものです。「そもそも、なぜ私はこう考えたのだろう？」「自分が本当に大事にしていることって何だろう？」と問いかけることで、新たな評価軸や視点を発見できます。

「そもそも？」で評価軸を見直してみる

解を探索するとき、どの評価軸を重視するかは、自分の価値観や欲望、苦手意識などに強く影響されます。なぜその解が真っ先に浮かんだのか、なぜその軸を大切だと思ったのか――。そうした点を「そもそも、なぜ？」と掘り下げると、自己理解が深まり、思わぬ選択肢や新しい評価軸が見えることもあります。

暫定解に「そもそも？」を突き付ける

友人とのケンカを例に考えてみましょう。仲良しグループで雑談しているとき、友人がキツい言葉を発し、自分もそれに応酬してケンカ別れしてしまったケースです。家に帰って冷静になったとき、次のような暫定解が頭に浮かんできたとしましょう。

- 傷ついたことをきちんと伝えて、同じことを言われないようにする
- 自分の言い方が悪かった点は謝り、仲直りしたい
- 明日の朝、学校で直接会って話そう

この暫定解に対して「そもそも、なぜ？」を重ねて問いかけてみます。

・そもそも、なぜ傷ついたと伝えたいのか？
・そもそも、なぜ仲直りしたいのか？
・そもそも、なぜ謝るのか？
・そもそも、なぜ明日の朝なのか？

しつこいくらい問いかけると、「もう二度と同じ言葉をかけられたくない」「本音を聞いてほしい」といった理由がクリアになります。

さらに、自分が強く望んでいるのは「相手に謝ってもらい、関係を修復することと」だと分かるかもしれません。

そして、他の友人に余計な気遣いをさせたくない、という新しい気持ちに気づくかもしれません。その結果、「ケンカした相手だけでなく、あの場にいたみんなにも『ごめんね』と伝えよう」という新たな解が見えてくる場合もあるのです。

あるいは、「そもそも？」で自分の感情を客観視した結果、単に睡眠不足や空腹

FPS(First-Person Shooting)視点のイメージ

TPS(Third-Person Shooting)視点のイメージ

Gorodenkoff/stock.adobe.com

で機嫌が悪くなっていたことに気づくこともあるかもしれません。

ＴＰＳ視点で自分を見る

自分を客観視するコツとして、ＴＰＳ（Third-Person Shooting）型のゲームをイメージするのもおすすめです。いわゆる三人称視点のアクションゲーム、例えば「フォートナイト」や「スプラトゥーン」のようなもので、画面に自分のキャラクターが表示されます。「エーペックスレジェンズ」など一人称視点のＦＰＳ（First-Person Shooting）と違い、自分の動きや周囲との位置関係を客観的に把握しやすいのが特徴です。

日常の問題解決にこのイメージを応用すると、「自分（キャラクター）」がどのように行動して、周りにどんな影響を与え、またどんな反応を受けるかを一歩引いた位置から捉えられるようになります。

ＴＰＳよりもさらに視座を高くして、全体を「俯瞰《ふかん》」することも意識できたら、さらに良いと思います。サッカーゲームのような広い視野のイメージですね。味方や相手チームの動きを全体に把握しながら、その中で自身が今の価値観や欲望を持って次の行動を取ったときに状況はどう変わっていくのか。味方がそのとき自分に期待していることは何か。反対に相手チームが嫌がることは何か。俯瞰の目を持つことは、そういった想像力を養うための助けになると思います。

練習

自分に「そもそも？」を問いかけてみよう

まずは、皆さんが最近「自分なりに考えた暫定解」を思い浮かべてください。

例えば「クラスメイトとのすれ違いをこう解決しよう」「部活の新しい練習法をこう決めよう」といったものです。

そうしたら、その暫定解に対して自ら「そもそも、なぜ?」と重ねて問いかけてください。どうしてその手段を選んだのか、なぜ優先順位をそこに置きたいのか、いちいち考え続けるうちに、自分が本当に求めているものや、避けたいこと、新たに浮かんでくる評価軸などがはっきりするはずです。

客観視の力で視野を広げる

問題を客観視するだけでなく、自分という当事者を客観視できちゃうのも「そもそも?」という言葉の威力です。抱いていた前提やこだわりはこれだったんだ、と気づくと、思ってもみなかった解や行動が浮かんでくるかもしれません。

ＴＰＳゲームのように、当事者でありながらも一歩引いた視点から「状況全体」と「自分の動き」を同時に観察してみてください。そうした観察を「脳内ゲーム実況者」に語らせるのも面白いと思います！

「実行」しながら解を探索する

これまでは、脳内や机上で解を探索することの大切さを見てきました。

しかし、問題によっては「まず実際に手をつけてみる」ことで見通しがぐっとよくなるケースもあります。実際に行動するうちに、未知だった部分が少しずつ明らかになり、次のステップを考えやすくなるのです。

やってみると、問題の全貌が分かってくる

未知の課題に取り組むとき、「どれくらい時間がかかるか」「何が課題になりそうか」といった全体像は、やってみないと分からないことも多いです。実際に手を動かすことで、「ここは予想外に労力が必要だった」「意外とすんなり進むかも」

などの感覚が得られます。その感覚を基にすれば、より良い解を探索しやすくなるわけです。

例えば、部屋の整理整頓で考えてみましょう。事前に細かいところまですべて計画を立てようとすると、一向に始められなさそうですよね。

そこで「まずは机の上から手をつける」など、行動しやすい部分から動いてみるのです。しばらくやってみると、思ったよりも順調に進みそうなことが分かったり、逆にどうしても1人では片づかない場所が見つかったり、粗大ゴミの処分が必要になったりと、問題が具体的に見えてくるはずです。

それなら友人や家族に手伝ってもらうか、工具で解体するか、など新しい解を探す視点が生まれます。

創作系の課題も、やりながら発想を膨らませる

「まず手を動かしてみる」という方法は、絵画や作文など創作系の課題にも向いています。

何を描くか、構図をどうするか、文字数をどうまとめるか――。最初は迷ってばかりでも、軽くスケッチを描き始めるうちに「こっちの方が良い」「このモチーフは難しそう」など、次のアイデアが自然と湧いてきます。軽く試して「やっぱり違う」と思ったら別の案に切り替えればいいだけなので、大きなロスにはなりません。

作文を書くときも同様です。まず構成を綿密に立てようとするのもいいですが、うまくいかないことも結構あります。とりあえず書き始めてみたら、書きたいことが湧いてきた、なんてことはよくあります（この本もそうだったりして？）。

満を持して問題に向かうのは悪いことではないですが、あまりに入念に準備しようとして結果的に固まってしまうのはよくありません。ときに「満を持して」が、単に億劫《おっくう》であることの自己言い訳になることもあるので、「そもそも？」の問いを自分に発してそれに気づいてください。解決するのが難しそうな問題に取り組むときや、解を探索するのに時間がかかりそうなとき、解の候補がいくつもあって迷うときこそ、「まず手を動かしてみる」ことを意識してみましょう。

ただし、手を動かすのは「途中までやってキャンセルできる」ことが前提なので、やり直しのきかない問題には不向きです。

例えば、1回きりのパフォーマンスや、資源が限られていて複数回の試行ができない料理や買い物などには使いにくいです。また、極めて短時間で解を決定しなければならない問題にも向かない場合があります。

練習

手を動かしながら解を模索してみよう

今あなたが「やりたいけど、なかなか計画が固まらない」と感じている作業やプロジェクトはありませんか？

まさに今部屋の整理整頓が必要な状況ならそれでもいいですし、いつかやろうと思っていた創作でもかまいません。とりあえず始められそうな部分から、思い切って手をつけてみてください。やり始めると「思った以上にスムーズ」「ここがネックになりそう」など、具体的なヒントが得られるはずです。実行しながら、さらに良い解や評価軸を探すスタイルを体感してみてください。

やりながら解を見つける姿勢こそフロンティア思考

「考えてから行動」も大事ですが、「行動しながら考える」という発想もフロンティア思考では大切にしています。

まず小さくでも手を動かしてみると、予想外の障害に気づけたり、新しいアイデアのヒントが舞い込んだりするかもしれません。計画が固まってない状態でも、ぜひ思い切って最初の一歩を踏み出しちゃいましょう！

生成AIの力を借りる――ヒントを外部から取り込む

ここまで解探索の方法をいくつか紹介してきましたが、いくら自分の頭をひねっても行き詰まることは誰でもあります。そんなときは、AIの力を借りるのも1つの方法です。特に「生成AI」と呼ばれるAIを使えば、自分が持っていない知識や発想を外部から取り入れることができるかもしれません。

ChatGPTを使ってアイデアや評価を引き出す

生成AIで代表的なものが、ChatGPTです。質問を文章または音声で入力すると、まるで人と対話しているように文章か音声で回答してくれます。パソコンやスマホ、タブレットでインターネットにつなげられれば、13歳以上なら誰でも無料でアカウントを登録して利用可能です（18歳未満は保護者の同意が必要）。

ＣｈａｔＧＰＴは膨大なデータを学習しており、質問（プロンプト）を入力すると、学習したデータに基づいて回答を考えて、人が話すような自然な言葉で生成してくれます。研究やレポート、作文などのアイデアを出したり、分からないことに対して様々な相談に乗ってくれたりするのです。

アイデア出しや評価が解探索に役立つ

ＣｈａｔＧＰＴが解の探索に役立てられる理由は数多くあります。

１つ目は、自分にない知識が備わっていることです。例えば文化祭の出し物について相談するとします。何の部活動か、お客さんの年齢層はどれくらいか、どのような催しにしたいか、かけられる予算はいくらか、準備期間の長さはどの程度か、スペースの広さはどうか……など、できるだけ詳しい情報をプロンプトで入力すれば、それらを考慮しながら色々なアイデアを出してくれるのです。

正しくこちらの意図を伝えられれば、インターネットの検索エンジンやＳＮＳで検索するよりも、的を射た回答を得られるはずです。案を20個出してほしいとお願いすることもできますし、それぞれの案のメリットとデメリットを示してほしいと頼めばそのようにしてくれます。

ゼロから生み出す以外に、自分のアイデアをチェックしてもらうという使い方もできます。自分たちで出したいくつかのアイデアを箇条書きにしてプロンプトを入力すれば、それぞれの良いところと良くないところをピックアップさせられるので、比較・検討する際に便利です。

ＡＩからの提案や情報に触発されて、まったく新しい方向へ発想が飛躍するかもしれません。

また、ChatGPTにはプロンプトで役割を与えることができ、その役割に応じた回答をしてくれる点も便利です。

例えば「あなたはプロのイベントプランナーです」と設定したうえで、先ほどの相談をすれば、中学生では思いつかないようなアイデアを出してくれる可能性があります。あるいは「あなたはプロのコピーライターです」と設定すれば、企画のキャッチコピーなども考えてくれちゃいます。

質問するうちに自身の考えも整理される

解探索に役立てられる2つ目の理由は、こちらが納得のいく回答を得られるまで、何度もラリーを繰り返して質問できることです。

「もう少しこういう方向性で検討したい」とか「テーマを●●から××に変えたい」などと伝えれば、その要望を踏まえたうえで回答を生成してくれます。それまでのやり取りも学習しているので、一発で求めていたような回答を得られなくても、何度も繰り返していくうちに良くなっていくはずです。人間と違って、ムッとしたり面倒くさがったりすることはないので、気を使わずにしつこく質問攻めにできます。

また、繰り返し質問するうちに、こちらの考えも整理されてくるのもいいところです。ＡＩからのアイデアに触発されながら自分自身も視点をアップデートすることで、まだ見ぬ解や評価軸のヒントが得られるかもしれません。

このように使いこなせば非常に役立つＣｈａｔＧＰＴですが、あくまで解を探索するためのヒントを得るツールであるということを意識しておいてください。例えば、課題図書のタイトルをプロンプトで伝えて、読書感想文をまるっと書かせるとうまくいかないことがあります。本の内容を正しく学習しているとは限らないからです。何よりも、そのような使い方は学びの機会を台無しにしてしまうのでまったく良くありません。

同じ理由で、検索サイトのような使い方もやめた方がいいです。アイデアを出したり、こちらから伝えた内容の評価をしたりするのは得意ですが、最新の情報を調べるために作られたわけではないのです。

読書感想文や研究レポートの制作に活かすのであれば、自分で作った構成案をプロンプトで入力して、矛盾がないかどうか、改善案はあるかどうかを尋ねるといった使い方をするのがいいかもしれません。「中学の先生」とか「大学教授」といった役割を与えれば、それぞれの視点からアドバイスをしてくれるため、新たな問題発見や解の探索のヒントにできます。そして自分自身も次からその視点を持てるように意識して、自分をより賢くアップデートさせていきましょう。

練習 AIにヒントをもらってみよう

AIを使う練習をしてみましょう。ChatGPTを立ち上げて、文化祭でも自由研究でも、何でもかまいませんので、自分が悩んでいる課題やアイデアを質問してみてください。

納得いかなければ、他にアイデアがないか何度でも聞いて、アイデアの方向性を絞ってみましょう。これをやると面白いのは、質問を重ねるうちに、自分自身の論点も整理されてくることです。

AIとの対話自体が面白い問題

AIとの対話がフロンティア思考の大きなサポートになることを述べましたが、AIと対話すること自体も、非常に面白い「問題」だと思っています。

どのようにＡＩを使うと便利なのかを考えたり、どのようなプロンプトを入力したら良い結果を得られるか工夫したり……ぜひ色んな実験をしてみて、ＡＩの活用について考えてもらえたらと思います！

CHAPTER 04

解を「実行」する

ポジティブな「失敗」と「反省」

ここまでは主に、実行に移す前の段階で、脳内や机上で解を探す方法を中心にお話ししました。いわば実行前の「探索」です。

この章では、解を実行し、その後の結果をどう受け止め、どう活かすかをテーマにします。まず心構えとして重要なのは、「失敗」や「反省」といった一般的にはネガティブな言葉をどう捉えるか、ということです。

失敗は新たな問題発見

第1章で、問題を見つけたときに脳内で効果音を鳴らす練習をしたのを覚えていますか？　好きなゲームでアイテムをゲットしたときの効果音を頭の中で鳴らして、「脳内ゲーム実況」で盛り上がろう、という話でした。

「問題」という言葉にはネガティブな響きがあり、どこか面倒そうで避けたいと感じる人が多いでしょう。でも、フロンティア思考では、未知の問題との出合いは新たな発見であり、喜ばしいことだと捉えると話しましたよね。失敗は「問題を発見した」と同義なので、喜ばしいことになるのです。

ゲームで何かにトライしてうまくいかなかったとき、「な〜るほど、そうなっちゃったか！　とすると、別のアイテムを使えばいいのかな？」と、なりますよね。高揚感を持って受け止め、打ちひしがれるどころかもう頭の中は次の行動でいっぱいのはずです。

日常生活でも同じで、失敗はネガティブなものではまったくありません。例えば、家の鍵が見当たらないとします。ポケットの中にないとすれば、他の場所にあることが分かるわけです。それだけでも鍵のありかに迫っているということなので、確実に前進しているといえます。

むしろ、これほどはっきりと結果が返ってくるというのは、脳内で行う解の探索とは段違いの進み具合です。「鍵をどこにやってしまったのか」と、いつまでも脳内だけで考えて何もしないより、さっさと行動（ポケットを探る）して失敗（見つからない）＝問題発見（他のどこかにある）を積み重ねる方が、スピーディーに進めます。

一般的に、失敗は悪いこと、恥ずかしいことと考えられる風潮があります。テストで間違いが多いと怒られたり、ＳＮＳで失敗をさらすとばかにされたりするかもしれません。しかし、実態は逆だと断言できます。

失敗とは、ざっくりいえば「こうすれば成功するだろう」という予想に反した結果が出た、ということです。意外な結果を得たなら、それは未知の発見。予想通りに成功してしまったら面白味がない、くらいに思っていればいいのです。あるいは「失敗したおかげで、今まで見えていなかったことがはっきりする」と受け止めるのもいいでしょう。

反省は推理と次の行動に向けた考察

ポケットやバッグの中に鍵がない。こうした失敗のフィードバックを受けて、「それならどこにあるだろう？」と推理する。そうして「どこを探そうか」などと次の行動を考える行為が「反省」です。

推理と行動……なんだか憧れるぐらいポジティブな、名探偵のイメージが湧きませんか？　反省というと「怒られてしょんぼりする」イメージを持つ人もいるかもしれませんが、決してそういったネガティブなものではないのです。

研究者なら、データを見て「おお、こんなふうに結果が出たか！　意外だ！」と、盛り上がる時間に当たります。ゲーム内で迷宮を探検しているときも「この仕掛けは想定外だった！　……ということは、あのアイテムを使ったらいけるかな？」と、次のアイデアを興奮気味に考えますよね。

結果をよく観察し、「なるほど、こうなったのか」と納得したり、「なんでこうなったんだ？」と不思議に思ったりして、新しい疑問や解決法を思いつく。そうして、ポジティブな気持ちで次の実験や行動へ進んでいくのが反省の本質です。

これまでに何度か登場している部屋の模様替えも、実際に行動して失敗と反省を繰り返しながら問題解決を行う例です。

最初にイメージしていたレイアウトを目指してみたけれど、なんだかしっくりこない（失敗）。でも「なぜしっくりこない？」を考え（反省）、「じゃあこっちを重視しよう」と新たな問題や評価軸が見つかる。そのうえでまたレイアウト案を検討して、部屋をより良い形に近づけていくわけです。

練習 学校の課題やテストの捉え方

それでは練習に行ってみましょう。

第1問。学校の課題で作文を提出し、先生から「ここをもっと詳しく書いた方がいいよ」と改善点を指摘されました。そのときシュンと落ち込む必要はあると思いますか？

第2問。テストの答案が返ってきたとき、「○」が付いているところと「×」が付いているところ、どちらが重要だと思いますか？

今回の練習は簡単すぎると感じるかもしれませんが、その当たり前こそが今回のポイントです。失敗と反省という言葉を当たり前のようにポジティブに感じられたら、フロンティア思考が身につき始めたといえます。

むしろ恐れるべきは、失敗したくないあまりに、思考停止して挑戦を放棄してしまうことなのです！

成功しても「失敗」と呼んでみる

満点でも失敗と捉える意味

先ほどの練習の第2問、もちろん重要なのは「×」の方です。

では、もし答案が全問正解だったらどうでしょう？

失敗をポジティブに捉えられるようになったなら、「全部正解しちゃったらつまらないかも」と思えるかもしれません。


そこで提案したいのが、満点だったとしても「失敗」と呼んでみる、ということです。全問正解でも、より速く解くことができる可能性はあるでしょう。もっとエレガントな解法があるかもしれません。満点でも何らかの改善点を見いだして、それをあえて失敗として捉えることで、反省を促すというやり方です。

ゲームでも、「あれ、もっと良い攻略法があった！」と、後で知って驚くことがよくありますよね。研究の分野では、予想通りに実験が成功した場合でも、「別の条件ならどうなる？　本当に最適？」と、果てしなく改善の余地を探ります。

「もっと改善できるところはないか？」と意識すれば、新しい問題がまだ眠っていることに気づける可能性があります。逆に、「これで完全成功！」と思い込んでしまうと、せっかく残っている伸びしろを失ってしまうでしょう。

「完全な成功などあり得ない」と考えて、実行した後に出るすべての結果を「まだ改善の余地がある失敗」と捉えてみてください。

目標達成を喜びつつ、伸びしろを探す

もちろん、自転車に乗れるようになるとか、逆上がりができるようになる、サッカーでゴールを決めるなど、一定の目標を達成したらその瞬間を「成功」と呼んで素直に喜ぶのは大事です。その喜びこそが自信やモチベーションになるので、「自分すげぇ」と褒めてあげましょう。そしてニヤけましょう。

ただし、そこで学びを止めるのではなく、「まだうまくなるかも？」とか「さらにやり方を工夫できないか？」と、調子に乗って次の問題を探すのがフロンティア思考です。

例えば自転車なら、乗れるようになっても坂道発進が苦手かもしれません。そこに失敗の要素があると見なせば、次に「坂道に特化した練習をしてみよう」と意欲が高まります。スポーツや音楽、料理や勉強など、何でも同じです。ある程

度できるようになった後にも、必ず伸びしろはあるものです。

サッカーのシュート練習で何本も連続でゴールを決めたとしても、完全な成功ではありません。「もっとギリギリのコースを突く」とか、「速いシュートを打つ」、「キーパーの逆を突く」など、伸ばせるポイントは常に存在します。

楽器の演奏でも同じです。最後まで音程やリズムを間違えることなく弾き通せたとしても、「もっと表現力を高めたい」「抑揚をつけたい」と思うはず。そこでさらなる挑戦ができます。

野球のピッチャーなら、同じ発想で新しい変化球を開発することもできます。既にいくつか球種をマスターしていても、「もっとユニークに曲がらないか？」「スピードに差をつけられないか？」と探っていくうちに、現状を不十分に感じることができ、より意外なボールを考えてみたくなるわけです。

練習 「成功」に「まだ失敗」が残っていないか探してみよう

「これなら自分にもできる」「人よりちょっと得意かも」と思っていることを1つ思い浮かべてください。例えば、オムレツをうまく焼けるようになったとか、小さな「成功」でかまいません。

その成功は、一度はクリアした状態かもしれませんが、そこに改善の余地はないでしょうか?

オムレツの場合なら「味つけはどうか?」「手際良くできるか?」などといった視点で考えてみてください。こうして、改めて「まだできていない部分」や「もっと改善したい部分」を探し出すことで、成功の陰に潜んでいる伸びしろを見つけられます。それが次のチャレンジを引き出す鍵となるのです。

具体的な足りなさを見つけたら、ぜひそれをどうやって補うか考え、試行錯誤してみてください。また、「こんなオムレツ、初めて！」と驚かせるにはどうしたらいいかを考えて、「未知のオムレツ」に思いを巡らすのもいいでしょう。

どんな成功でも「まだ改善の余地」がある

「どんなゴールに到達しても、さらに伸びしろはある」と考える視点が、成功をあえて失敗と呼んでみる意義です。あらゆる結果を「まだ成長できる状態」と捉えることで、常にワクワクしながら新しい問題を発見し続けられます！

「スモールスケール」で失敗する

小さな範囲で始める意味とは？

脳内だけで解を探索しているときはノーリスクですが、実際に行動するとなると、うまくいかなければコストやストレスが伴うことがあります。そこで有効なのが、あえて「スモールスケール」で試すというアプローチです。

人数や関係者を絞り、影響範囲を小さくすることで、うまくいかなかったときのダメージも軽減され、問題解決を進めやすくなります。

例えば、もしみなさんが今環境問題への解決策を思いついたとしても、いきなり学校や地域全体に提案するのはハードルが高いですよね。そういうときは、まず仲のいい友達や家族に協力してもらい、小さく実験してみるのがおすすめです。うまくいけば少しずつ範囲を広げられますし、もし失敗しても修正や再挑戦が気軽にできます。

1人で挑戦すればノーダメージ

スモールスケールの究極の形は、「自分だけで解を実行してみる」ことです。例えば、新しいダンスの振り付けアイデアを考えたなら、まずは自分1人で踊ってみて、録画して見てみましょう。出来がイマイチだったとしても、当たり前ですがまったく恥をかかずに済みます。

ただし、他人の視点がないために失敗の原因を見落としがちになることや、本番ならではの緊張感には対応しにくいことなどの弱点があるのも事実です。

親しい仲間から少しずつ広げる

1人だけで解を実行してある程度の確認ができたら、親しい仲間や家族に見せるなどして小さく失敗してみると、さらに学びが増えます。他人に指摘してもらうことで、自分では見つけにくい欠点やくせにも気づけるかもしれません。

ただし、価値観が近い人ばかりだと見逃してしまう可能性もあります。慣れてきたら少しずつ範囲を広げ、関係性の遠い人の視点も取り入れるのが理想です。

練習 あなたのアイデアを少人数実験で試すなら？

ここで失敗する練習です。今何かやってみたいアイデアや計画を思い浮かべてみてください。そのままでは「うまくいかなかったら恥ずかしすぎる」「大勢に迷惑をかけそう」と感じるなら、それをスモールスケールで始める方法を考えてみましょう。

まずは1人で試すのか、家族や仲間数人だけに見せるのか、具体的にステップを思い描いてみてください。スモールスケールから少しずつ拡大していく構想をまとめるだけで、不安はかなり取り除けるかもしれません。

小さく始めることが最終的な成功を生む

スモールスケールでの失敗は、フロンティア思考の基本である「実行→失敗→反省→次の挑戦」というプロセスを進めやすくします。いきなり大きなステージに挑むと責任が重く緊張も高まりますが、小さく始めることで、ダメージや恥ずかしさを抑えて何度も挑戦できます。結果として、修正や学びを重ねながら、最終的には大きな挑戦にも十分対応できるようになるのです。

今のうちからこのスモールスケールで試す方法論を身につけておけば、どんな場面でも「まずは小さいところから実験する」という発想が使えます。そうして経験値を積んだ先で、大きなステージに立ったり、大きなスケールで実行したりするときも、きっと力を発揮できるはずです！

他人を「バーチャルの自分」として見る

ロボットは多数の失敗で優秀になった

動画サイトなどで、荒れた岩場や、障害物がある複雑な地形を、軽々と歩いて移動するロボットを見たことがあるでしょうか？　最近では、脚部を持つロボットが驚くほど器用にバランスを取って歩き、なかなか転倒しなくなりました。

これは、ロボットに大量の歩行テストによる失敗と反省を繰り返させて、バランスを取るためのノウハウを身につけさせるという学習手法が使われているからです。

また、ロボットの失敗は今や現実世界のみで起きているのではありません。仮想空間（バーチャル世界）に、ロボットの分身を多数配置し、様々な地形で歩行テストをさせて、膨大な失敗データを集めるという仕組みが開発されたのです。そうして得られる知見が、実機のロボットをどんどん賢くしています。

他人の解探索から失敗までの流れを観察する

人間の問題解決能力を考えるときも、同じことがいえます。自分自身の失敗だけでなく、他人の失敗を「バーチャルの自分」として取り込み、次の工夫や挑戦に活かせたらいいと思いませんか？

いわゆる「人のふり見て我がふり直せ」ということですが、フロンティア思考ではそれをもう少しシステマチックに、「他人がどんな解を選んで失敗したか」を細かく観察して、自分の糧に変えます。

サッカーのシュート練習を想像してみましょう。一緒に練習していた仲間がどう考えて、どのように蹴り、最終的にどんな結果を得たのか？　この一連の流れをつぶさに見てみてください。

はたから見ていても、「パスを受けた位置が悪かったかも」とか「踏み込みの角度がズレていたのかな」や「力みすぎた？」など、失敗の原因を想像できるでしょう。そのうえで、チャレンジをたたえて「ドンマイ！」などと声をかけてあげましょう。

仲間が選択した解や、失敗した原因、その後の反省まで確認できるなら、それは疑似体験です。みなさんの問題解決スキルとして組み込んでいけるでしょう。

学校はいわば「失敗の見本市」

そういった意味で、学校は最高の「失敗の見本市」といえます。クラスが40人いるとしたら、自分以外に39パターンの失敗をいつでも見られるのです。

体育の跳び箱や球技、国語の朗読、英語のスピーキングなど、同じ課題にみんなが挑む場面では、解探索から失敗まで様々な〝サンプル〟が集まります。「あの子はこのような工夫した結果、失敗したんだ」「意外な方法を試している人がいる」といった気づきは、多種多様な発想や評価軸を発見するチャンスとなるでしょう。クラスメイトが挑戦しているときは、温かい目で見守りつつ、最初から最後までじっくり観察するのがおすすめです。

もし授業の間に「内職」するなどして他人の失敗を見なければ、それだけ自分が様々なサンプルを見つけるためのチャンスを取りこぼしているともいえます。タイパやコスパを追い求めるのであればなおさら、他人の失敗を取り入れて効率を高める意識を強く持つべきなのです。

練習

他人の失敗を自分のものに変換してみよう

最近、クラスメイトや部活動の仲間、それ以外の友人などで「失敗したなあ……」と嘆いている人の例を1つ、思い浮かべてみてください。どんな課題に取り組んで失敗したのか、自分に当てはめるならどう反省と対策を立ててるか——。頭の中で手順を想像してみましょう。

できることなら、その当人に「いやー、惜しかったねー！　ドンマイ！　なんでうまくいかなかったんだろうね？」などと、気分を害さないように上手に聞いてみてほしいです。そうすることで、あなたは他人の失敗をまるで自分で味わったかのように学びへと変えられるでしょう。

成長速度を驚くほど上げるチャンス

フロンティア思考では、「他人の失敗も学びの宝庫」と捉えます。解をどう選んで、どう実行して、どんなふうに失敗したのか——。その過程を客観的に見られるということは、自分だけで行動するときには得られない、とても貴重な情報です。特に、学校のように様々な人が共通の課題に挑む場は、問題解決のヒントを得られる絶好の場といえます。

他人のふりを見て自分ごとのように問題解決を進めることができれば、あなたの成長速度は驚くほど上がるはずです。他人の失敗を見つけるたび、「自分だったらどうする？」「あの選択肢は思いつかなかったな」といったように考えるくせをつけていきましょう。その結果、自分の糧にできるだけでなく、他人の試行錯誤をいっそう温かく応援したくなります。他人の失敗に対する姿勢が変われば、周囲との連帯感も高まっていくはずです！

AIがフロンティア思考を持つ未来

ＡＩは、与えられた仕事を文句も言わずに短い時間でこなしてしまいます。特に、膨大なデータを高速に処理したり、決められたパターンを正確に見つけ出したりするのが得意技といえます。

そういう目線で見ると、ＡＩが人間より優れているように、また何かしら脅威に感じられるかもしれません。ただ現状のＡＩは、あくまで与えられた課題をこなすのは上手ですが、自ら「これってもっと調べたら面白そうだな」「誰もやっていないテーマを探してみよう」と動くのは、あまり得意ではありません。

本書におけるフロンティア思考は、そういうＡＩがあまり得意としないところを活かす力だといえます。例えば、フロンティア思考を身につけた人間は、失敗や予想外の結果を喜びに変えられます。「うわ、思ってたのとまるで違う結果が出た！　どうしてこんなことになったんだろう？」と好奇心をかき立てられます。そこから新しいアプローチを探ったり、次の面白い発想につなげたりするのは人間ならではの醍醐味ですが、現状ではＡＩの不得意分野なのです。

なので、素早く計算したり、大量の作業をこなしたりする得意分野はＡＩにどんどん任せてしまえばいいんです。そうして空いた時間や手間を「誰も考えていないアイデアはないかな？」「もっとユニークなやり方はできないかな？」と〝フロンティア〟を探すことに使えば、そこに私たち人間が輝ける場があります。

未知や失敗にワクワクできる人ほど、現状のＡＩには真似しづらい斬新な〝ひらめき〟や〝独創性〟を発揮できるでしょう。つまり、ＡＩの時代になるほど、フロンティア思考が人間にとって強みとして活きてくるということです。

人間は、未知や失敗をポジティブに受け止めながら、自分から進んで新しい課題を見つけましょう。ＡＩと同じ土俵で競争なんかせずに、ＡＩにできる部分は任せてしまいましょう。そのおかげで、人間はもっと面白い冒険に出かけられるのです。

もちろん、そうした人間たちによって、ＡＩの開発もすごいスピードで進んでいます。フロンティア思考のようなやり方で自ら課題を探すＡＩも実は研究されています。でもそれさえも、とても喜ばしいことだと思うのです。だって、これまではただの道具や助手であるＡＩという存在が、フロンティア思考を持った相棒や仲間になってくれるわけですから。

いつの日か、未知の課題に対して人間とＡＩが一緒にワクワクしたり、一緒に盛り上がったり励まし合ったりしたらもっと楽しいのではないでしょうか。「ＡＩがあればこそ、人間はＡＩと共に冒険ができるんじゃないか？」と、考えていくことが、これからの時代の鍵になっていくと僕は思っています。

CHAPTER 05

仲間と挑む

――協力と衝突を味方にする

1人じゃないから未知へ踏み出せる

ここからは、仲間と行動することで未知に踏み出しやすくなる、という考え方を説明します。1人きりでもフロンティア思考は発揮できますが、仲間がいるとさらに強力です。仲間との衝突を恐れず、新しいアイデアを生み出す「化学反応」を楽しみながら、未知をみんなで楽しむ――。そんなチームワークの秘訣を一緒に見ていきましょう。

仲間がいるとワクワク感が倍増

何か新しいことや大きなことに挑戦するとき、1人で頑張るのは結構大変ですよね。例えば文化祭の出し物を企画するとき、アイデアに行き詰まったり、実行が難しくなったりして投げ出したくなることもあるでしょう。
そんなときに仲間が「こうしたらいいんじゃない?」などとサポートしてくれると、一気に前に進めることがあります。これが、チームワークの大きな力です。

仲間と一緒なら、失敗した原因について相談し合ったり、別の方法を試してみようと盛り上がったりできます。未知への挑戦は、1人より仲間がいる方がワクワク感もアップします。

チームワークには、数え切れないほど多くの利点があります。とりわけフロンティア思考の観点で大きいのは2つです。
まずはアイデアが増えること。1人だと行き詰まる発想も、複数人の視点が合わさると互いに触発し合えて、意外なひらめきが生まれることがあります。

もう1つは、モチベーションを保ちやすいこと。くじけそうになっても仲間が励ましてくれるなら、失敗しても笑い合えて、「じゃあ、次はどうする？」と気持ちを切り替えられるわけです。また責任を分担することで「全部を背負い込まなくていい」と思えるので、積極的な試行錯誤がしやすくなるでしょう。

衝突からアイデアを創造する

ただ単に仲がいいだけの友人と一緒でも、チームワークは十分に発揮されません。フロンティア思考では、「衝突して意見をぶつけ合い、その中から新しいアイデアを生み出す」姿勢が欠かせないと考えます。「衝突」を前向きに捉えるのがポイントです。

意見が違うからこそ、新しい発想の化学反応が起こる可能性があるわけで、「衝突＝悪い」と決めつけずに「ここにまだ発見していないタネがあるかも！」と考えてみるほうが、チームにとってメリットが大きいのです。

「チームで協力しよう」といっても、単に作業を分け合うだけでは個人プレーと大差ありません。フロンティア思考が目指す協力とは、未知の場面で意見を活発にぶつけ合い、そこからアイデアを進化させていく行為です。

文化祭の準備なら、音響は音響チームの中だけ、装飾は装飾チームの中だけで終わらせることなく、それぞれのアイデアを出し合って掛け合わせてみましょう。衝突が起きる可能性もありますが、そこから予想外の発想が生まれるチャンスがあるのです。

例えば演劇部で、ある部員は「笑い重視のコメディーをやりたい」と言い、またある部員は「感動系ストーリーで泣かせたい」と言っているとします。どちらかが折れれば可能性を狭めてしまうので、フロンティア思考なら「両方をミックスしたら面白いかも」と第3の案を探ります。前半をコメディーにし、後半はぐっと感動的に仕立てる脚本にチャレンジしてみたらいいのです。意外な化学反応が起きて大成功を収めることだってあります。

互いのアイデアを融合させてみる

衝突をケンカで終わらせず、プラスの化学反応へ変えるにはコツがあります。まず、なんとなく合わないまま進めるのではなく、「私はこう思うけど、あなたは？」と具体的に言葉にすることです。

続いて、相手のアイデアの良い部分をきちんと認めるようにすれば、互いの主張を平等に比較したり、融合したりしやすくなります。二者択一に陥らず、両方を試してみるとか、混ぜ合わせるとか、建設的な評価をしながら新しい道を探す発想が大事です。

失敗やアイデア不足をすべて自分だけで抱える必要はありません。仲間がいれば、衝突さえも楽しみながら未知をみんなで探索できるのです。

練習

あなたのチームワークを振り返る

今、チームやグループで何か取り組んでいる課題や企画があるなら、どのように意見を交わしているか、具体的に振り返ってみてください。衝突が起きそうな場面で、なあなあの分担作業だけにして終わらせていないでしょうか？

もし衝突を避けているなら、一度思い切って試してみる、両案を混ぜてみるなど、「衝突をプラスに変える方法」を検討してみましょう。文化祭や部活、クラスのプロジェクトなど、些細な場面にも意外なアイデアが潜んでいることに気づけるかもしれません。

チーム内での意見交換や衝突は、想定外の発想を生み出す原動力になります。仲間の発想に触発され、そこからさらに別のアイデアへと発展していくことこそが、フロンティア思考におけるチームワークの醍醐味だと思います。

色んな役割を担ってみる

様々なポジションに挑戦してみよう

良いチームワークに貢献する人間になるには、普段からどんなことを経験しておくといいでしょうか？　効果的なのは、「色んな役割を担ってみる」ことです。

部活動やクラス、委員会、友人グループ、そして家族など、皆さんは色んな集団に属していると思います。例えば部活動なら、部長（キャプテン）や副部長（副キャプテン）、会計、書記、マネージャー、用具係、広報担当など、その中にあるポジションや役割は多岐にわたりますよね。

ポジションや役割が長い間固定されてしまっているという人は、ぜひ別のポジションを体験してみましょう。まったく違う視点でグループ全体を見渡せるようになるはずです。

サポート役を経験してみるメリット

例えば、部長や副部長といった「リーダー層」を担当してみると、指示を受けるだけだったころとは違う難しさや喜びを知ることになるでしょう。

会計やマネージャー、広報のような「縁の下の力持ち」的な役目は、また別の評価軸が隠れています。部の予算に余裕があるかどうか、大会に参加するにはどんな手続きが必要か、どう宣伝すれば新入部員が増えそうか……そんな観点は、やってみなければピンとこない部分が多々あるでしょう。

家庭でも同じように考えてみてください。いつもお母さんが料理を担当しているなら「今回は自分が食材を買い出しに行ってみる」など、いつもとは違う役割を少しでも経験すると、俯瞰の目が鍛えられます。「こうすればもっとスムーズに動けそう」「ここが手薄だから助けてあげよう」というサポート力が高まり、どんな場面でも役立てられるはずです。

周囲を見渡して、今何が必要かを考える

グループ内での視野を広げることで、様々な立場から同じ問題を俯瞰できるようになります。仲間のそれぞれが、何を考えているのか、どんな苦労をしているのかということを想像できるようになる。これにより、今本当に必要なアクションは何なのかを見極められるのです。

例えば部活動の場合。用具が傷んできて、みんながケガをするリスクが高まってきた。用具係の手入れが大変なので、新しいものを購入したい。でもそうなるともともとの予算を超えるので、会計担当に負担がかかってしまう。顧問の先生

に、追加予算を下ろしてもらえないか、みんなでお願いしに行こう。といった具合です。立場を横断することで、多くの調整ポイントが見えてきますよね？

練習 自分の役割を替えるとしたら？

では、役割について考える練習です。あなたが現在、部活動や家族、友人グループなどで担っている役割を思い浮かべてから、「もし別のポジションに移るなら何をしたいか」を考えてみてください。あるいは、一番興味のない役割は何でしょうか？

そこでどんな苦労があるか想像すると同時に、「自分ならこう動けば便利かも」とアイデアを膨らませてみましょう。具体的に思いついたら、実際に近い人へ提案してみるのもいいですね。

多角的な経験が次の「フロンティア」を広げる

色んなポジションを体験することは、そうはいっても簡単ではないでしょう。でも、大変なぶんだけ視野が広がり、視座が高まって、全体を見渡しながら問題解決を図る力が自然と身につきます。

仲間の立場に立って考えられる人ほど、新しい問題を見つけたり、より良い解を提示したりできるものです。多角的な経験はあなた自身のフロンティア思考にとっても広い視野をもたらします。ぜひ1つの役割にとどまらず、色んな角度からグループ全体を見渡す意識を持ってみてください！

CHAPTER 06

問題解決を加速させる「コミュ力」

相手を笑わせることを考えながら会話する

第5章では、仲間とのチームワークによって問題解決に挑む考え方を見てきました。色々な役割に挑戦し、衝突をポジティブに捉えながら視野を広げることで、未知の課題にも楽しく挑めるようになるという話でした。

この章では、そうしたチームワークの問題解決を加速させる、対話・質問・発信の力、すなわちコミュニケーション能力を磨くための方法をお話ししていきたいと思います。

会話は高速な問題解決だ

集団で活動する際、コミュニケーション力（コミュ力）は必須のスキルとなります。とりわけ対面での会話は重要です。

相手の言葉や表情を瞬時に読み取り、それに応じて自分の返答を考え、実行する——。そして、もし微妙な反応をされたなら即座に修正して場を取りなす。これはまさに問題解決の連続です。対面で会話することは、高速で失敗→反省→問題発見→解探索を行っているのと同じといえます。

対面での会話の中でぜひ挑戦してほしいのが、笑いを生む仕掛けです。前の話題をうまく絡めたり、ちょっとした比喩や言い回しの工夫で相手をクスッとさせたり……。こうした知的な笑いを生み出すには、相手の立場を考慮したり、テンションを瞬時に読み取ったり、それに自分の知識や言葉を組み合わせたり、という機転が必要となります。

最初はうまくいかないかもしれませんが、それこそ失敗→反省を繰り返すいい機会です。上手にツッコミや切り返しが決まると相手との距離も縮まりやすいですし、会話自体がとても楽しいものになります。

そうした知的な笑いの技術としてぜひ挑んでほしいのが、「伏線回収」です。数分前に、別の話題で使っていたキーワードを、再び使えるタイミングで「まさに●●●●●だね！」と言うと、高確率でウケます。内輪ネタだからということもありますが、互いにこれまでの話をちゃんと聞き覚えていたのを確認できることで一体感も生まれ、友情まで高まった気になるものです。

まさに「当意即妙」な技なので、すぐにできるとかいつでもできるものではありませんが、会話するときには常に狙っていてほしいと思います。

練習　会話でうまく返せなかった場面は？

最近の友人や家族、先生などとの会話を思い出してみてください。

「もう少し言い回しを工夫できたかも」とか「本当ならウケたはずなのにうまく言えなくてスルーされちゃった」というシーンはありましたか？

このときにどう返したらもっと相手を笑顔にできたのか、もう一度考え直してみましょう。

ちょっと言葉選びを変えるだけで、相手の反応が大きく変わる可能性があります。それを思いついたら次の会話でこっそり試してみてください。

失敗を恐れず楽しく会話を回そう

会話の中で、小さな失敗やすれ違いは、当たり前に起こります。なのでいちいち落ち込む必要はないですし、恐れることもありません。こうした失敗に気づくたび、新しい問題解決に挑むチャンスが生まれます。リアルタイムに相手を笑わせられれば最高ですが、うまくいかなくても後で振り返って、次に活かすことができるのです。

そうやって自分なりの機転を磨き、楽しい空気作りをリードできるようになると、コミュニケーション面の問題解決力は急速に上がっていきます。ぜひポジティブな気持ちでトライしてみてください！

「いい質問」を考える

「分からない」を客観的に把握する

学校や塾の授業で先生から指導を受けたとき。部活動の先輩からアドバイスをもらったとき。あるいは親に説教されたときでもかまいません。

よく分からなかったことがあれば、ぜひ積極的に質問してみてください。「いい質問」をしようとすることは、問題解決の力を養うことにつながるからです。

学校の授業で先生が「質問ある？」と聞いたとき、何をどう聞けばいいのか整理できず、結局誰も手を挙げない、という場面がよくありますよね。

これを超えようと頑張ることで、問題の本質が見つかりやすくなるのです。

いい質問を考えることで、自分がどの部分を理解していて、どの部分を理解できていないかを客観的に把握できます。またそれにより、自分が本当に知りたいことは何か、どんなことに興味があるのかという追究もなされるようになります。これにより、新たな評価軸が派生してくるかもしれません。

こうして得られた新しい評価軸を、別の問題解決に取り組む際にも取り入れれば、より幅広い解探索を行えるようになるでしょう。

どう質問すればいいか分からない人は、ＡＩに相手になってもらって質問のやり方を練習してみるのも手です。ＣｈａｔＧＰＴなら、どんなに初歩的な疑問でも丁寧に答えてくれますし、何度もラリーを繰り返して質問を深掘りすることもできます。

自分の中で情報を整理して入力すること自体も、問題解決力を高めるトレーニングになることでしょう。

教えることは高度な問題解決

質問をすることの〝逆〟、つまり人に何かを教えることも、問題解決の力を養うには有効です。

部活動の後輩にやり方や技術を教えたり、弟妹に勉強を教えたりする場面を想像してください。相手の理解度や興味、性格などを考慮して、どんな例え話や段階を踏めば理解してくれるかを考えることは、とても高度な問題解決といえます。

また、質問や教え合いのやりとりは、ただ疑問を解決するだけではなく、相手の視点に触発されて自分の思考が深まるチャンスでもあります。相手の質問から「自分も実はそこを曖昧《あいまい》にしていた」と気づくことも多いでしょう。教えることは、様々な角度から自分を高めることにつながるのです。

練習

質問と教えの両面から学ぶ

まず、最近習ったことや得意になったと思うことを1つ挙げてください。そのことについて、「もし自分が誰かに質問するならどう聞くか」「もし自分が誰かに教えるならどこから説明するか」を書き出してみましょう。

そして、ぜひ実際に友人や家族と一緒にこの練習に取り組んでコミュニケーションしてみてください。きっと新しい疑問や意外な指摘が飛んできて、さらに新しい問題解決にチャレンジできるようになるはずです。

質問と教えがもたらす新たな視点

いい質問を作り出す力と、相手に教える力。

いずれも、自分の頭の中を整理しながら、相手とのやり取りを通じて問題発見を進める技術です。お互いに疑問を投げ合うことで、新しい評価軸に気づくこともあるし、誰かに教えようとしたときに初めて「学べる」ことがあります。

質問力と教える力を磨けば、あなたのフロンティア思考は一段と加速し、多様な視点を取り入れて考えられるようになります！

「匿名の失敗」でダメージなく反省

スモールスケールを超える「匿名」という選択肢

ダメージを受けることなく、問題解決の力を鍛える〝裏技〟もあります。

第4章では、スモールスケールで失敗することでリスクや恥ずかしさを抑えて成長する技をお伝えしました。いきなり大勢に見られると、緊張して動けなくなってしまう場合もあります。そうしたリスクを避けて、小規模で失敗と反省を繰り返すことで問題解決に取り組むやり方として紹介しました。

一方、スモールスケールだと外部からの視点が足りなくなり、失敗の原因を正しく捉え切れないかもしれない、というデメリットもありました。
そこで裏技として提案するのが、「匿名」で失敗する方法です。

匿名投稿の場を活用する

匿名の失敗の主戦場は、インターネット上です。
ＳＮＳで本名や顔を隠したアカウントから発言する。あるいは、投稿サイトで素性を明かさずに作品を発表することもできます。これにより、恥をかくリスクは軽減されつつ、世界中の人からフィードバックをもらうチャンスが生まれるのです。

例えばｐｉｘｉｖでイラストを発表したり、ＹｏｕＴｕｂｅで顔出しせずに動画を投稿したり。一定の条件を守ればどれも13歳から利用できますし、意外なほどたくさんの反応がつく場合があります。

もしそこで批判されたとしても、自分だとバレないのだから何の問題もありません。貴重な意見として受け止めて、成長の糧にしましょう。

小さいころ、家族や先生に「見て見て！」と言って、描いた絵などを披露していた記憶はありませんか？　運動神経がいい子なら、前転や鉄棒の逆上がりができて「見て見て！」を言っていたかもしれません。大人に認められる喜びや驚かれる楽しさが、次の挑戦への大きな推進力になっていたはずです。

匿名で作品を発表することは、あのころの「見て見て！」をリスクなしでやるのと同じことです。もし褒めてもらえたらモチベーションアップ、ダメ出しされたとしても学べる要素が増えて万々歳。そしてスルーされても恥をかくことはない。どう転んでも得しかありません。

ChatGPTに評価させるのもノーダメージ

ChatGPTを活用して、自分が書いた文章やアイデアを評価してもらうのも1つの手です。論理が破綻していないか、内容が整理されているかチェックしてもらい、うまくいかなかった部分はノーダメージで修正できる。そうやってアイデアを洗練させながら、さらに失敗と反省を繰り返す土壌を自分の中に作れるわけです。

練習 あなたが匿名で挑戦するなら？

あなたが匿名でネット上で発表するとしたら、何にするかを考えてみてください。絵や文章、動画、音楽、ゲームプレー動画……何でもかまいません。ユーザー名はどう設定しようか、どの投稿サイトやSNSを使うか、どんなコメントや「いいね」を期待するか——。イメージするだけでもワクワクしてきますよね。

実際にやってみるときは、事前に保護者や先生に相談してルールを守ることを忘れずに。無理のない範囲で挑戦して、そこで得られたフィードバックを新たな糧にしていきましょう。

失敗を公開することで可能性が広がる

インターネットを使うと、世界が一気に広がります。多くの人の目に触れるぶん、批判や戸惑いも増えるかもしれません。

しかし、ネットならではの「匿名性」を利用することで、恥のダメージを最小限に抑えながら様々なフィードバックを得られるのです。

小さく始めた挑戦を、まずはネット上で公開してみる。いい反応が得られれば、それが次の未知への挑戦へと誘ってくれるはず。失敗を隠すのではなく、「公開して成長する」という感覚をぜひ味わってほしいと思います!

CHAPTER 07

フロンティア思考へのさらなる挑戦

常識を覆し、社会の枠組みまで変える

ここまでで、フロンティア思考における問題解決のやり方や、それを成すための方法論、心構えについてお話ししてきました。これらを意識しながら行動していけば、みなさんは日常の至るところでフロンティア思考を実践できるはずです。

ただし、フロンティア思考の真髄は、これまで誰も気づかなかった新たな問題を見いだし、未知の解を探していくことにあります。言い換えれば、それまで「常識」や「当たり前」と受け止められてきたものを根本から見直し、大きく覆していくような挑戦です。

最終章では、そうした「常識を覆す」フロンティアへ挑むためのヒントを、い

くつかの視点からお伝えします。

「当たり前」を疑った先にある革命

フロンティア思考では、これまで見過ごされていたことを「本当にそのままでいいのか?」と「問題視」するところから始まるのが特徴でしたよね。

多くの人にとって当たり前の仕組みとして疑いなく受け入れられているものや、「これで十分だろう」と思われている商品やサービスには、実は改善の余地が残されているかもしれません。こうした常識に改めて光を当ててみることで、まったく新しい問題が浮かび上がることがあります。

例えば、SuicaやPayPayは、お金を紙幣や硬貨ではなく「情報」と捉えることで、スピーディーで簡単な支払いを実現しています。1円単位での割り勘もできてしまいますし、これまで「常識」だった「おつり」の考え方をなくしてしまいました。

色んな紙幣や小銭を入れた財布を持ち歩けば「十分だろう」と、かつては思われていましたが、今となってはそれが煩わしく感じられます。紙の切符を券売機で買うことだって、当時はそれで十分だと思われていましたが、一度Ｓｕｉｃａで電車に乗るのを体験しちゃうと、社会は元に戻れなくなりました。そして今はさらに、Ｓｕｉｃａはスマホやスマートウオッチの中にあって、カードですらなくなっていますよね。

音楽や映像だって、昔はＣＤやブルーレイのディスクという物の形で所有するのが当たり前でしたが、今はサブスクリプション（定額）サービスで視聴する時代ですよね。

電子レンジだってそうです。従来の調理に必要な時間と労力という「常識」を覆し、瞬時に食事を準備できる利便性を提供しました。冷凍食品は長期保存と多様なメニューの選択を可能にし、コンビニ弁当の普及は24時間利用可能な食事を実現し、現代人のライフスタイルを変えたといっていいのではないでしょうか。

よくよく考えると、テレビだって、冷蔵庫だって、私たちの周りにあるものは、「便利」を超えて、それまでの当たり前を塗り替えるような革命を起こしたものだらけなのです。

逆転の発想と問題解決

「常識」を打ち破るには「逆転の発想」も大きな武器になります。

例えば、階段を登れる機械を作るのではなく、階段自体が乗り物になる「エスカレーター」も逆転の発想による発明だといえます。

それまでゲームは座りっぱなしで運動不足のイメージだったのが、逆に運動するゲームとして「リングフィットアドベンチャー」といったゲームタイトルやハードウエアを開発するのも逆転の発想です。

かつて「歌はプロがステージで歌い、素人はそれを聞いてお金を払う」のが常識だったのをひっくり返し、「素人が歌う仕組みをつくる」というカラオケも、逆転の発想だといえます。

このように、機能とか、イメージとか、参加形態とか、色んな「常識」を疑い、ひっくり返してみると、画期的なアイデアが生まれることがあります。ぜひ考えるときのヒントにしてみてください。

練習 あなたが「常識を疑いたい」ものは？

皆さんの身近にある「当たり前」「これで十分」といわれているものの中に、「本当にそうかな？」「ちょっと不便じゃない？」と感じる仕組みやサービスはないでしょうか？

頭の片隅で「これ、もう少しなんとかならないかな」とモヤモヤしていたものを、あえてピックアップしてみてください。

そこに対して「真逆にしてみるとどうなるか？」と逆転の発想を当てはめて妄想してみるのもおすすめです。思わぬ解決のヒントが浮かぶかもしれません。

「アタマオカシイ」は才能

僕が学生に対しての研究指導でしばしば使う「アタマオカシイ」という褒め言葉があります。すなわち「常識を疑う発想力」や「非常識な行動力」を持っているという意味で、これまでの当たり前を覆す才能を持っているということです。

一般的に非常識と思われるようなところに、周りの目を気にせずに「こうしたら面白いのでは？」と大胆に飛び込める人は、新しい価値を生み出します。この「アタマオカシイ」才能、必ずしも特別なものではなく、誰もが持てる力、誰もに持ってほしい力だと僕は思っています！

違和感を抱え続けることが「大転換」への鍵

ルールや慣習へのモヤモヤを捨てない

常識を覆すには、日ごろから「違和感を覚えること」を大事にする姿勢が欠かせません。

社会には、法律や慣習など、昔から当たり前とされてきたものがたくさんありますよね。よく考えると「なんでこんなふうになってるんだろう?」と不思議だったり、「ちょっと理不尽じゃない?」と腹落ちしないまま守り続けられていたりすることも多くあります。

また、物理世界のルール（すなわち法則）についても、当たり前とされていますが、不思議に感じられたり理不尽に思えたりするものがあります。

ただ、そうした違和感があっても、なかなか今すぐ変えられないことが多いと思います。そこで大切なのは「すぐに解決しようとせず、そのまま抱えておく」こと。いつか思わぬ解決策が浮かぶかもしれないからです。

パッとすべてを変えられるわけではないのも事実。だからこそ、「モヤモヤ」を捨てずに温めておくのです。するとあるとき、ふと別の分野の技術や仕組みが合わさることで、一気に解消できるかもしれません。思いもしなかった発想と結びついて大転換が起こったり、当たり前のルールが時代遅れになったり……。

例えば、「どうして毎朝満員電車に乗って会社に集合しないといけないんだろう？」という慣習への違和感も、テレワークで解決する発想につながります。

例えばフィルムカメラの時代、「どうして撮った写真をすぐ見られないんだろう?」という違和感を持った人たちがいて、それがインスタントカメラやデジタルカメラの発明につながったと思います。

また「どうして掃除機って使うとすぐに吸引力が落ちるんだろう?」という違和感がダイソンの掃除機の開発につながったり、「どうして本って重くて本棚って大きいんだろう?」というモヤモヤが電子書籍という発想になっていったりしたわけです。

このように、ルールや慣習は、身近にたくさんあり、それらに違和感を抱き続けることは、いつかなんらかの形で大きなフロンティアにたどり着くきっかけになる可能性があるのです。

「左側通行・右側通行という交通ルールへの違和感」はいつの日か、自動運転の実現によってなくなるかもしれません。

「文字キーボード配列への違和感」はいつの日か、音声入力の実現と普及によって、文字キーボードの存在ごとなくなるかもしれません。

「どうしてゴミを分別しないといけないんだろう？」という違和感もいつの日か、分別を完全に行ってくれるロボットの発明につながるかもしれません。

その「いつの日か」のために、違和感を抱え続けましょう。

練習 「我慢していること」に注目してみよう

皆さんが普段の生活や社会の中で「なんとなく納得いかない」「これって合理的じゃないかも」と感じながらも我慢していること、ルール、しきたりを、いくつか書き出してみてください。大人の世界の常識でもかまいません。例えば、「どうして卵は割れやすい殻のまま運んで売るんだろう？」「どうして歩きスマホはダメなんだろう？」といった具合です。

一度書いておけば、その後もしばらくは手を加えずに、捨てないように注意しながら放置しておけばOK。数カ月後あるいは数年後に「そういえば、あの違和感が解決できそう！」とピンとくる瞬間があるかもしれませんよ。

情報収集のアンテナを張り、広く浅くインプット

「セレンディピティー」を呼び込む

「常識」を覆すような問題や発明は、意外なところから生まれることがあります。まったく違う分野の技術が転用されたり、独立していたアイデア同士がつながったり――そうした偶然の出合いを「セレンディピティー」と呼びます。

セレンディピティーそのものは狙って起こしづらいものですが、フロンティア思考の姿勢で暮らしていれば、発見の確率を高めることはできます。日ごろから色んなジャンルの情報を幅広く収集しておくことを意識しましょう。

もちろん前提として、学校での学びや経験はたっぷり吸収してください。タイパやコスパをはき違えて、学校での授業や活動を雑に扱うのはもったいないです。

「パラパラ読み」で本と仲良くなる

情報収集といっても、難しい学術論文を読み込むとか、ニュースをすべてチェックするとか、そういう本格的なものばかりではありません。例えば紙の本を「パラパラとめくってみる」というライトな手段でも、十分に効果的です。

本を最初のページから最後まで読み通すのが苦手な人もいるかもしれませんが、完璧に読む必要はありません。数分間を上限としてパラパラとめくり、目に入った言葉で「お？」と感じたものを気に留めるだけでも、将来それが何かの拍子につながることがあります。

図書館や書店をのぞいてみて、何か気になるタイトルがあれば、パラパラ読みに挑戦してみてください。たまに短時間でざっと眺めるだけでＯＫ。「これは面白そう」「なんだか気になる」と引っ掛かるフレーズを大切にし、それをきっかけに少し調べてみるのです。すると、別のジャンルの情報を見たときに「あれ？これ、前に見たあの言葉と関係あるかも！」という「伏線回収」がひらめく場面が出てきます。

日常の〝定点観測〟もおすすめ

本に限らず、身の回りにあるものを広く浅く観察してインプットすることも、セレンディピティーを呼び込む可能性を高めます。例えばスーパーやコンビニに並ぶ商品の移り変わりを意識したり、ネット上のトレンドを軽く眺めたり……。

どこか特定の棚を長期間観察して「最近○○味の商品がやけに増えているな」

と気づいたり、季節によって商品レイアウトが変わるポイントを知ったりすると、そこから「コンビニの商品棚って、どのようにラインアップを決めているんだろう？」という興味が湧くかもしれません。こうした小さなアンテナからも、フロンティア思考のきっかけが舞い込んできます。

練習 今日から定点観測

今回は練習というより実践です。パラパラ読みも実践してほしいのですが、ここでは定点観測を意識的にやってみましょう。書店でも、図書館の雑誌コーナーでも、コンビニやスーパーのお菓子売り場でもかまいません。数日おきに見に行くだけでも「知らないうちにこんな商品が！」という発見があることでしょう。

異なるものの共通点を探して「つなげる」

自然界の生物との共通点を探す

幅広い分野の情報をインプットしておけば、いつかまったく別のもの同士が結びついて、問題解決につながるかもしれません。そうした別の世界の知識を「つなげる」力を意識して鍛えておくのも、フロンティアを目指すに当たっての大切な準備です。

「バイオミメティクス（生物模倣技術）」という分野を聞いたことはあるでしょうか？　これは、自然界の生物が持つ構造や機能をヒントに、製品開発や課題解決に活かすというもので、「普通は関係ないと思っていたもの同士を結びつける」

好例といえます。

例えば、「マジックテープ」や「ベルクロ」などという商標や商品名が浸透している面ファスナーは、ゴボウの実にあるトゲが動物の毛にくっついて種を運ぶ仕組みから生まれました。

他にも、蓮の葉の凹凸には水を弾いて汚れを流す性質があります。これを参考に、ヨーグルトの蓋の裏に応用した例があります。また、蚊に刺されてもほとんど痛みを感じませんが、これをヒントに「痛くない注射針」が開発されました。生物を模倣した事例は豊富にあるのです。

もちろん生物に関係なく、異なる分野の知見がつながることで生み出されたイノベーションも無数にあります。折り紙を応用して人工衛星の太陽電池パネルをコンパクトに収納して宇宙空間で広げる、ゲームデザインの知見を学習ソフトに適用して子供が飽きないようにするなど、探せばいくらでも見つかります。
こうした事例を知っているだけでも「意外なところにヒントがあるんだ」と目を見張るはずです。普段の生活で「これとあれ、形が似てるな」「この動き、どこかで見たような……」と感じたら、結びつけて考えてみましょう！

準備をするからこそ、偶然を活かせる

フロンティア思考を実践していると、何気ない違和感や日常の発見が、自分の中に蓄えられていきます。そこに新しい知識が飛び込んできたとき、「あのときのモヤモヤと、これがつながるかも！」というセレンディピティーが起こるかもしれません。

そうした偶然の出合いを狙って起こすのは難しいですが、日々「異なるものを

つなげる視点」を意識しておくだけでそのチャンスは増えます。普段から意識しておけば、いつか常識を覆す面白い問題に出合えることでしょう。

練習 つなげられそうなものを探してみよう

別の世界にある、つなげられそうな2つのものを探してみてください。バイオミメティクスほど大掛かりな例でなくてもかまいません。

「自動ドアの動きが〇〇に似てる」「人が造った建物と、自然界の△△が意外と似てる」「自分が描いたイラストの技法を、別の工作に応用できないかな?」といったように、意外な2つの共通点や組み合わせ方を探してみるのです。最初は遊び感覚でOKです。そこに少しずつアイデアを足していくと、思いがけない発明の種になるかもしれません。

第7章では、誰も気づかなかった問題を発見し、常識を覆す解を探すためのヒントをいくつか見てきました。違和感を捨てずに抱え続ける。広く情報を集めて浅くでも頭に入れておく。異なる領域に共通点を見いだして、つなげられないか考えてみる。どれも、普段からの意識の持ち方や習慣に近いものです。こうした下地があると、ある日突然、何かのきっかけで「そういえばあれってこうすればいいんじゃない？」とピンとくることがあります。その瞬間こそ、フロンティア思考が大きく花開くときです。

どんなに規模の大きい問題でも、最初は小さな違和感や些細な疑問から始まります。みなさんも、日常の中で出合うモヤモヤをどうか大切にしてください。必ずやいつか、それらは「伏線回収」される日が訪れて、皆さんの人生や世界を変えていくと信じています。みなさんのこれからの冒険が、ワクワクに満ちあふれたものでありますように！

おわりに

日経BPさんから初めて本の執筆オファーをいただいたのは、2023年9月にイグ・ノーベル賞を受賞した少し後のことです。とはいえ、そのときは一度お断りしてしまいました。

その理由は、オファーをいただいた当初の企画が「僕自身の研究や発明、思考を紹介する」というテーマだったからです。僕は自分の実績を誇らしげに見せびらかしたいわけではありません。また、自分だけの経験や生き方を紹介したところで、どれほど多くの人の力になれるのか疑問に思ったのです。

そこで編集担当さんと打ち合わせを重ね、「もし僕が書くなら、どんな読者に向けた、どんな内容の本にすれば意義があるのか？」を、一緒に考えていきました。

僕は研究者であると同時に教育者でもあります。これまでに大学で十数年間、数千人もの学生に教えてきた経験から得た教育的な知見を「汎用的な方法論と心構え」としてまとめられれば、多くの方に役立つのではないか。打ち合わせを重ねるうちに、そういった思いが強まってきました。

普段は主に18歳以上の大学生に教えていますが、その手前の年代、つまり中高生のうちからこうした実践的な学びを得ることはとても大事だと感じていました。というのも、受験勉強の過程で「いかに効率よく既存の正解を得るか」に注力しすぎるあまり、問題解決の本来の面白さを味わえずに大人になってしまう人がいるのを、何度も目にしてきたからです。

もちろん、それは大人である僕たちにも同じことがいえます。気づけば僕たち全員が、「失敗を恐れて問題を避ける」という姿勢に陥っている可能性があるのです。

ここで、少し暗い未来を想像してみます。もしこの先、みんなが「未知に挑むより、なるべく安全に正解を取りに行く」ことを優先し続けたら世界はどうなるでしょうか？

人と違うアイデアを出すと責任を問われるかもしれないと怖がって、何も言わない。実行すれば失敗するんじゃないかと心配になり、現状維持を選ぶ。そんな風潮が広がると社会全体が停滞し、解決すべき大きな課題があっても、誰も本気で動かなくなるかもしれません。食糧危機や環境、エネルギーなど地球規模な問題も先送りされ、私たちの生きる未来がどんどん厳しくなっていくリスクがあります。これは若者だけの話ではなく、既に大人になっている僕たちにも深く関わることです。

だからこそ僕は「13歳」の読者をメインに据えたこの本で、フロンティア思考の重要性を広く伝えたいと思いました。問題を発見することを楽しみ、失敗を「次の一手」につながるものとしてポジティブに捉える。こういう考え方が世代を超えて共有されれば、みんなで新しい価値を生み出す動きが加速するはずです。未知なものを恐れず、敬遠せず、「面白そう」と感じられる風潮が広がれば、社会のあり方も前向きに変わっていくと思っています。

まだ誰も踏み込んでいない世界へ足を延ばし、失敗を恐れず挑む。それは13歳に限らず大人も含めた私たち全員に必要な姿勢です。異なる世代や立場の人同士が触発し合い、社会を良い方向に改善し続ける――そんな未来を引き寄せていきましょう！　本書がみなさんの日常や人生だけでなく、社会や世界全体も変えていくことを、強く願っています。

最後になりましたが、今回の本を、企画段階から最後の最後まで、一緒に作り上げた川内さん、中城さん、そしてタイトなスケジュールの中で、僕の拙い文章を一気に洗練させるという大きな貢献をしてくださった編集部のみなさまに感謝いたします。ありがとうございました。

２０２５年２月　宮下芳明

塩を足さずにしょっぱくする方法

電気を用いることで、減塩食を濃い味にして味わえる食器「エレキソルト スプーン」。このコラムでは、このデバイスがどのように開発されたかを書いてみます。「はじめに」で、本書では僕自身のエピソードを掲載しないということを宣言していましたが、本編をすべて読み終えた後であれば、何らかの「答え合わせ」として機能すると思ったからです。

ご想像の通り、エレキソルトは本書におけるフロンティア思考が大いに活用された事例だといえます（機器の原理にせよ、開発経緯にせよ、実態はもっと複雑ですが、ここではかなりシンプルな物語として書きます）。

エレキソルトの開発は、キリンホールディングスの佐藤愛さんから連絡があったことに端を発します。佐藤さんはかつて大学病院のお医者さんから「患者さんが減塩の食事療法を続けられない」という悩みを聞き、自分自身で減塩生活を試してみたことがあったそうです。その経験を通じて減塩生活がいかにつらいのかを実感し、この問題に挑みたいと考えたといいます。

とはいえ、多くの食品メーカーが減塩商品を開発しているので、別の切り口で食生活を豊かにしたいと考えて、「バーチャルリアリティー」の分野でリサーチしていたところ宮下研究室に行き当たったそうです。

かくして2019年から、明治大学宮下研究室とキリンHDは共同研究を始めました。減塩食は減塩なんだから味が薄くて当たり前、薄味でも我慢して食べるのが当たり前という常識を変えたい。減塩食をしょっぱく感じられればおいしく食べられて、人を健康にするだけでなく幸せにできる。そう考えました。

でも、一体どうすればいいのでしょうか？

僕には小さいころから抱えていた違和感がありました。塩を振りたてのフライドポテトはしょっぱく感じるのに、しけるとなぜ味気なく感じるのか？　その答えは、塩がポテトの内部に浸透してしまうため、口にしたときに塩が舌に触れにくいから。含まれる塩分量が同じでも、感じられるしょっぱさは違うということに気づいたのです。

考えてみれば、クラッカーだって塩がついている面を上に向けて食べるか下に向けて食べるかで、味わいは全然違いますよね。ならば、減塩食に含まれる塩がすべて舌に引き寄せられればしょっぱく感じられるはず。でもどうしたらそんなことを実現できるのでしょうか？

そこでヒントになるのが、学校の理科で教わった「塩化ナトリウムは溶けるとナトリウムイオンと塩化物イオンに電離する」という知識です。イオンには電気の性質があります。ナトリウムイオンは陽イオンなので、プラスの電気だと反発し、マイナスの電気だと引き寄せられます。これを応用すれば、塩を舌に引き寄せることができるのではないかと考えました。

食品や身体に微弱な電流を流せば、きっとそれができると考えました。味覚検査にも電気が使われていますし、体脂肪計など身体に電気を流す機器はたくさんあるので、安全に実施できるという確信もありました。

その後、様々な波形や設定を探索し、どのように電気を流すと減塩食を最もしょっぱく感じさせられるかを学生たちと研究しました。スモールスケールで実験をスタートさせ、その後は減塩生活者による実験、そして社員食堂など、もっと大規模な実証実験と進んでいき、その効果や、デバイスの使いやすさをキリンＨＤと一緒に検証してきました。

そしてついに、塩味を約1.5倍に感じさせることができる電気波形を作ることができたのです。

それからはキリンHDが中心となってデバイスの開発が始まりました。試作と検証を繰り返し、塩味の増強効果やコスト、使い勝手など様々な評価軸で検討した結果、まずは「エレキソルト スプーン」が完成し、発売に至りました。

数多くの意見や制約がある中でこの商品を形にし、世に送り出したキリンHDに、敬意を表します。

ちなみに同社は食器の開発だけでなく、エレキソルトのための減塩食レシピを料理研究家に依頼し、それを発信していました。エレキソルトで食べたときに、

本当においしい料理のレシピがなければお客様を幸せにできない、ということでしょう。いわばメディアとコンテンツの関係。ゲーム機だけがあってもそれに互換するゲームソフトがなければ楽しめないということと共通した考え方です。

こうして、減塩生活の我慢から人々を解放するデバイスが誕生しました。エレキソルトの開発は、「違和感を捨てない」「当たり前を疑う」「多様な分野の知識をつなげる」「仲間と衝突（化学反応）」など、フロンティア思考を地で行く冒険だったと感じています。

もちろん、これで終わりではありません。私たちは現状のエレキソルトにさらに多くの課題を発見し、それを基にした改善を行っています。常識を覆し、新しい常識を作り出す冒険は、まだ続いているのです。